우리 역사문화의 갈래를 찾아서
태백문화권

역사공간

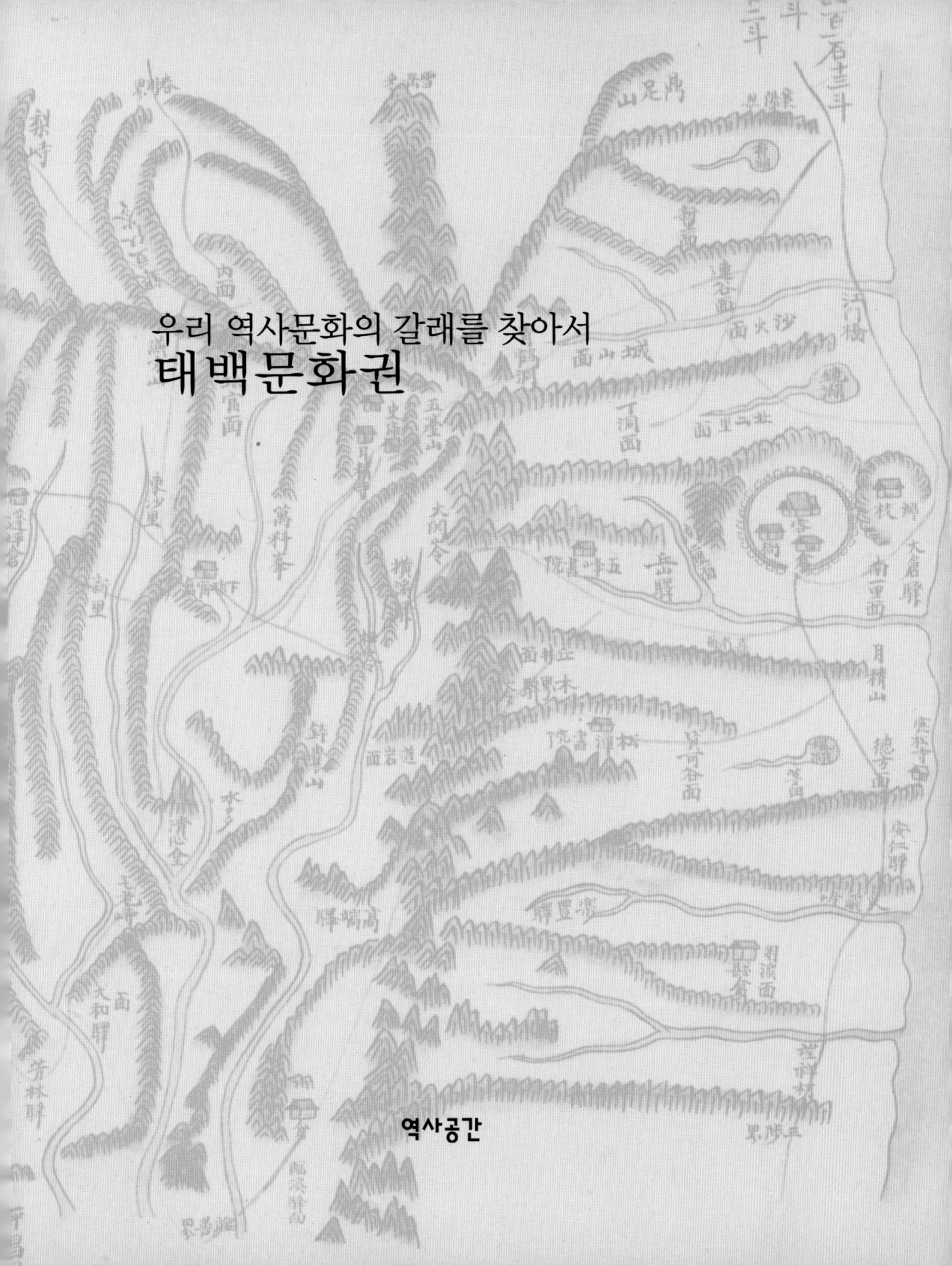

우리 역사문화의 갈래를 찾아서
태백문화권

역사공간

책머리에

국민대학교 국사학과는 문화권의 통사적 재구성을 통한 한국사의 실상을 복원하기 위해 역사문화유적총서를 간행해오고 있다. 이 총서는 조사가 가능한 남한 지역을 10개 문화권으로 설정하고, 통사적 안목에서 각 문화권의 역사적 성격을 밝혀보려 하고 있다.

이번에 펴낸 《태백문화권》은 그 다섯번째 결실이다. 태백문화권은 산과 강, 바다가 한데 어우러지고 산길과 물길, 뱃길을 통해 이루어진 문화권이다. 한국사에서 문화권은 대체로 강이나 산, 분지 등의 지리적 조건에 의해 형성되어 왔다. 태백문화권은 한반도의 중추인 백두대간이 남북으로 지나고, 금강산과 태백산에서 발원한 북한강과 남한강이 동서로 흐르면서 동서남북으로 길고 넓게 형성되었다.

문화권은 행정상의 구획과는 달리, 오랜 역사와 전통 속에서 통혼권, 생활권, 학맥 등이 어우러져 형성된 역사문화의 공간을 말한다. 태백문화권은 대체로 북한강 유역의 춘천, 인제, 양구, 철원 등과 남한강 유역의 원주, 충주, 제천, 영월, 단양, 정선, 평창 등, 그리고 동해안 일대의 강릉, 고성, 양양, 삼척 등의 지역을 아우르고 있다. 따라서 태백문화권은 강원도 전역 및 충청북도 충주, 제천, 단양 일대를 포괄하는 상당히 넓은 지역이다.

태백의 산길과 물길, 뱃길은 관북과 영남, 서해를 잇는 국토의 대동맥이었다. 이러한 이유로 태백문화권은 제천 점말동굴, 양구 상무룡리, 양양 오산리 유적에서 보듯이 한국 문화가 형성된 근원지였다. 또한 7세기 삼국통일 때까지 남한강 유역을 두고 삼국이 치열한 다툼을 벌였던 이곳은 고대국가 발전의 터전이 되었다. 그런가 하면 태백의 높고 깊은 산길과 물길을 통해, 김주원과 궁예는 이곳에서 호족을 모으고 태봉국을 세워 고려 건국의 발판을 마련했다. 조선시대에는 남인에서 노론으로 이어지는 다양한 사림문화가 꽃을 피웠다.

근대에 이르러 태백문화권은 격동기의 시련과 수난에 대항하는 항쟁지로 탈바꿈했다. 위정척사적 의병은 동학농민군의 항쟁을 이어 태백 전역을 무대로 일제에 항거했다. 한말 전국적 의병 항쟁을 이끈 태백의병은 가장 전투적인 의병으로 이후 항일독립운동의 발화선이 되었다. 일제의 산림과 광물에 대한 식민수탈이 자행되고 6·25전쟁으로 격전이 벌어지면서, 태백문화권의 전통적 질서는 크게 파괴되어 갔다.

이 책은 태백문화권의 역사문화를 통사적 체계로 살피기 위해 크게 '총설'과 '역사문화'로 나눠 구성했다. '총설'에서는 태백문화권이 형성된 배경과 역사지리적 조건을 통해 문화권의 기본 성격을 파악하고, '역사문화'

에서는 통사적 큰 틀에서 시대별 변천과 특징을 살피고자 했다.

이 책에는 국사학과 구성원 모두의 정성과 노력이 담겨 있다. 학부생과 대학원생은 수업과 현장 조사를 통해 기초 자료를 수집했으며, 장석흥 교수와 여성구, 홍영의, 이근호, 장일규 박사가 집필을 담당했고, 국사학과 교수들 모두가 원고를 감수했다.

이 책을 준비하면서 집필진은 역사 현장의 곳곳을 조사했으며, 대학원생 차진호는 역사 현장과 유적을 사진으로 담았다. 역사공간은 책을 아름답고 훌륭하게 만들기 위해 노고를 아끼지 않았고, 태백문화권 내 각 시·군청과 현지 연구자들의 도움도 컸다. 특히 국민대학교는 역사문화유적총서 간행에 필요한 재정 지원 및 특별연구원 배치 등 물심양면으로 많은 지원을 해오고 있다. 도움을 아끼지 않은 국민대학교와 여러 기관, 그리고 국사학과 구성원 모두에게 깊은 감사의 뜻을 전하고 싶다.

2005년 8월
국민대학교 국사학과 주임교수 조 용 욱

일러두기

1 국민대학교 국사학과는 우리 역사문화의 갈래를 10개의 문화권으로 구획하여 역사문화유적총서를 간행하고 있다. 이 책은 《안동문화권》·《경주문화권》·《지리산문화권》·《금강문화권》에 이어 다섯번째로 발간한 결과물이다.

2 문화권 내의 유적·유물은 통사적 체계로 나눠 주제별 서술에 포함시켜 이해하고자 했다. 선사·불상·부도·정자 등의 유적이나 출토·소장유물, 그리고 사찰·서원 등도 이해하기 쉽게 묶어 서술했다. 또한 관동의 풍경을 상징하는 '관동팔경'을 그림과 함께 따로 묶어 쉽게 읽을 수 있게 했다.

3 본문 내용의 이해를 돕기 위해 역사 유적·유물의 유래와 의미, 인물의 활동 등을 간추려 본문에 적절히 배치했다. 또한 어려운 역사 용어나 불교 관련 용어들도 본문 옆에 구체적으로 설명하여 이해를 쉽게 했다.

4 이 책에서는 현장감을 높이기 위해 다양한 사진을 사용했고, 역사적 사건을 그림이나 도표로 작성하여 쉽게 이해할 수 있도록 했다. 사진은 국사학과 구성원들이 직접 촬영했지만, 부득이 한 경우는 각 시·군청에서 제공한 도판 자료와 함께 선행 연구에서 활용된 사진 및 지도를 이용했다.

차 례

태백문화권의 역사와 문화
태백문화권은 어떻게 형성되었는가 • 18
산길과 물길로 어우러진, 사회경제적 기반 • 23
사방을 오고 간 태백의 선사인 • 27
삼국 통일의 토대를 이룬 남한강 유역 • 29
전통사상을 꽃피운 태백의 산하 • 30
이상향의 구현, 궁예의 태봉 • 33
은둔과 풍류가 공존한 태백 • 35
다양한 사림문화의 태백 • 38
위정척사운동의 본고장, 의병과 독립운동 • 42
태백문화권의 역사문화적 특징 • 44

태백에 서린 선사 문화의 자취
태백의 선사 유적과 선사인 • 50
  선사 문화와 태백의 선사 유적 | 산길과 물길을 넘나든 태백의 선사인
태백의 성황신과 강릉 단오제 • 58
  태백을 지키는 성황신, 대관령 국사성황사 | 강릉 단오제에 담긴 태백의 고유 신앙

삼국의 공방지, 태백의 물길과 산길

중원을 둘러싼 삼국의 공방과 남한강 유역 • 66
　　백제와 고구려의 중원 장악 | 신라의 고구려 세력 축출과 남한강 진출

신라의 북진과 동해안 일대 • 73
　　동해안 일대를 차지하려는 고구려와 신라의 각축 | 신라의 동해안 일대 지배 강화

한강으로 통한 태백의 물길과 산길 • 78
　　북한강과 동해안을 잇는 물길과 산길 | 남한강 일대의 장시와 동서 교류 | 고려와 조선시대에 정비된 태백 산길과 물길

태백 불교의 변천과 그 자취

태백 불교의 성지, 오대산과 상원사 • 92
　　불보살이 머물고 있는 오대산 | 귀여운 스승, 문수 동자와 상원사 | 보살주처신앙의 산실, 태백문화권

문수보살을 찾아 다닌 자장 • 99
　　네 명의 성인이 머물렀다는 월정사 | 문수보살을 몰라본 자장과 정암사 | 의상계 화엄종의 성행

3대 관음성지, 낙산사 관음굴과 의상 • 108
    바다의 구세주, 해수 관음의 낙산사 | 파랑새로 변한 관음보살 | 백화도량을 꿈꾼 의상
법기보살의 성지, 금강산의 사찰들 • 119
    법기도량 표훈사·정양사 | 발연사와 점찰법회
가지산문의 개산조 도의와 진전사 • 128
    신라의 달마 | 동방의 보살
사굴산문의 개창, 범일과 굴산사 • 135
    낙산사에 정취보살을 모신 범일 | 진귀조사설을 주장한 범일

태백의 지배 세력

신라 왕실과 버금가는, 명주군왕 김주원 • 144
    혜공왕의 죽음과 계속된 왕위 쟁탈전 | 진골귀족 출신 낙향호족 김주원 | 김헌창의 반란과 명주 호족의 독자 지배
원주 호족 양길과 태백의 지방 세력 • 149
    신라말 농민의 유망과 초적의 봉기 | 북원경을 장악한 양길과 궁예
미륵불의 화신, 태봉왕 궁예 • 153
    왕실이 버린 왕자, 궁예 | 새로운 세상에 대한 염원, 태봉의 건국 | 전제정치를 꿈꾸던 미륵불, 좌절과 몰락

고려 왕실과 태백의 사찰들 • 160
　　고려 초기의 불교계와 태백의 사찰들 | 원주 일대 사찰들, 흥법사·법천사·거돈사 | 충주 일대의 사찰들, 정토사·숭선사 |
　　북한강 유역의 대표적 사찰, 청평사
태백의 풍류와 '관동별곡' • 174
　　태백 경관의 상징, 관동팔경 | 관동유람기 관동별곡의 종류
정철의 관동별곡 • 183
《제왕운기》를 낳은 천은사와 이승휴 • 198
　　두타산 고찰, 천은사와 이승휴 | 《제왕운기》에 나타난 이승휴의 현실인식
박달재와 거란 잔당의 침입 • 204
　　울고 넘는 천등산 박달재 | 거란 잔당의 침입과 박달재 전투
왕조의 끝과 새로운 시작의 터전 • 210
　　비운의 왕, 공양왕릉 | 조선 왕조의 시작, 준경묘와 이안사

태백의 다양한 사림문화
조선왕조실록과 오대산사고 • 220
　　세계기록유산, 《조선왕조실록》 | 실록의 편찬과 사고 |
　　오대산사고의 설치와 운영

노산군묘에서 장릉으로 • 226
　　상왕복위운동과 단종의 폐위ㅣ단종의 복권과 장릉
임진왜란과 충주 탄금대 전투 • 232
　　전쟁 초기의 상황과 일본군의 북상ㅣ탄금대 전투의 전개
태백의 사림세력과 서원 • 236
　　중원 일대 서원과 사림세력ㅣ춘천·원주·강릉의 서원과 사림
강릉의 양반 주택, 선교장과 오죽헌 • 244
　　배다리골의 양반 주택, 선교장ㅣ오죽헌과 율곡 이이
화서학파와 위정척사 • 252
　　화서학파의 전개와 태백문화권ㅣ화서학파의 위정척사운동

근대 격동기의 은둔과 저항

천주교 박해와 은둔, 황사영과 배론성지 • 260
　　천주교 전래와 박해ㅣ천주교인의 은둔과 배론성지ㅣ황사영 백서사건ㅣ
　　배론성지의 유적
동학사상의 정비와 《동경대전》 간행 • 266
　　동학의 은둔과 태백ㅣ동학 조직과 사상의 정비ㅣ
　　《동경대전》의 구성과 내용

태백의 동학농민전쟁 • 270
　　두 갈래의 농민군 | 농민군 지도자, 차기석
전기의병의 상징, '호좌창의진'의 유인석 • 276
　　호좌창의진의 결성 | 호좌창의진의 전투와 서북행 |
　　호좌창의진의 역사적 의미
관동 9군을 호령하던 '관동창의군'과 민용호 • 283
　　의병장 민용호 | 관동창의군의 결성 | 원산진공전에서 북상까지
태백 전역을 물들인 후기의병의 자취 • 290
　　후기의병의 신호탄, 원주진위대 | 국민적 의병전쟁의 요새 |
　　13도창의군의 발원, 관동창의대
태백의 3·1운동 • 295
　　태백 3·1운동의 원류 | 태백 3·1운동의 전파와 확산 | 태백 3·1운동의 특징
철원애국단의 독립운동 • 301
　　대한독립애국단의 별칭, 철원애국단 | 철원애국단의 설립 | 철원애국단의
　　지단, 강릉·평창·양양군단 | 연통제의 역할과 임시정부성립 축하시위
남궁억의 보리울학교와 무궁화운동 • 306
　　보리울 학교 | 나라의 표상, 무궁화

　　찾아보기 • 312

태백문화권의 역사와 문화

태백문화권은 어떻게 형성되었는가 |
산길과 물길로 어우러진, 사회경제적 기반 | 사방을 오고 간 태백의 선사인 |
삼국 통일의 토대를 이룬 남한강 유역 | 전통사상을 꽃피운 태백의 산하 |
이상향의 구현, 궁예의 태봉 | 은둔과 풍류가 공존한 태백 |
다양한 사림문화의 태백 | 위정척사운동의 본고장, 의병과 독립운동 |
태백문화권의 역사문화적 특징

지도로 보는 태백문화권

태백문화권은 어떻게 형성되었는가

　백두대간의 정맥인 태백산맥은 한반도의 척추를 이루고 있다. 금강산에서 발원한 북한강과 태백산에서 시작한 남한강은 제각기 한강(경강)으로 흘러들며 한반도의 중부를 가로지르고 있다. 또한 태백 동쪽으로는 동해와 잇대어 있으며, 남북 2천리의 동해안 길이 열려져 있다.
　높고 험한 산맥으로 이어진 태백의 골골마다 북한강과 남한강의 지류인 섬강·소양강·동강 등으로 사방을 잇는 물길과 산길이 발달하였다. 대관령 너머 동쪽으로는 남북을 연결하는 해안 길과 바닷길이 열려 있었다. 이런 이유로 태백은 백두대간과 남한강·북한강, 그리고 동해안 일대를 아우르는 생활권의 정점을 이루며, 옛부터 우리 역사와 문화의 터전이 되어 왔다.
　양구 상무룡리와 제천 점말동굴의 구석기 유적, 춘천 교동과 양양 오산리 신석기 유적 등에서 보듯이, 태백은 구석기시대 즉 적어도 70만 년 전부터 사람들이 살았던 곳이다. 또한 한반도의 중심부에 위치한 관계로 백제·고구려·신라 등 고대국가의 영역 팽창 과정에서 쟁패지로 부상하였다. 그것은 산이 높고 계곡이 깊은 태백 지역이 방어에 유리하면서도 산길과 물길을 통해 인접 지역으로 신속히 진출할 수 있는 전략적 요충지였기 때문이다. 한국고대사에서 한강 유역을 둘러싼 싸움은 삼국의 운명을 결정짓는 요소가 되었다.

한강 유역의 패권을 둘러싼 삼국 간의 공방을 살필 때, 남한강 유역을 선점한 세력이 한강 유역의 패권자가 되었음은 우연이 아니었다. 즉 그것은 남한강을 지배한 세력이 물길을 통해 한강 유역을 장악하는데 유리하였던 지리적·전략적 조건을 말해준다고 하겠다. 남한강은 영남과 근기를 잇는 지름길이었고, 근기와 관북을 연결하는 요로였다. 남한강이나 북한강을 장악한 세력은 곧 한강 전역을 지배하며 우리 역사와 문화의 중심에 설 수 있었다.

태백은 고대 국가의 치열한 쟁패지였을 뿐아니라, 불교 수용 이래 한국 사상이 발전할 수 있는 기반이 되었다. 특히 신라 불교에서 태백은 불보살이 사는 성지로 중시되었다. 자장과 의상은 오대산과 낙산사에서 오대산신앙과 화엄사상을 떨쳐 교종 불교의 정수를 이루었다. 이러한 교종 불교의 바탕 위에서 신라말 도의와 범일은 가지산문과 사굴산문의 선종 산문을 일으킬 수 있었다. 그리고 태백의 깊고 웅혼한 산세를 타고 고대 불교사상은 더욱 발전해 고려시대 화엄종과 조계종에 많은 영향을 끼쳤다.

신라말 김주원과 궁예는 태백의 지리적 조건을 바탕으로 독자적 역사문화를 열어 나갔다. 왕위쟁탈전에서 패배하여 명주(강릉)로 낙향한 김주원은 명주군왕溟州郡王이라 불리면서, 이 지역을 독자적으로 지배하는 세력가로 부상하였다. 궁예는 원주호족 양길의 부하로 있다가 김주원 후손인 김순식의 후원을 받아 철원에서 태봉국을 건국하였다. 왕건이 고려를 건국한 뒤에도 명주 호족 김순식은 왕건에게 투항하지 않고

삼척 백봉령에서 바라 본 백두대간

오랫동안 독자적 세력을 유지해 갔다.

고려시대에 들어와 태백 일대는 중앙과 긴밀한 관계를 발전시켜 갔다. 즉 태백의 북한강·남한강 일대의 수운이 개발되면서, 고려 왕실과 밀착해 갔다. 태백의 대표적 지방세력이던 충주 유씨, 원주 원씨, 철원 최씨 등이 그러한 예이다.

조선시대에는 태백의 산길과 물길을 따라 영남의 남인과 호서의 노론, 그리고 근기의 기호사림 등 다양한 사림 문화가 자리잡았다. 특히 남한강 유역의 사림문화가 그러하였다. 당초 남인 지역이던 원주·충주 등지의 유림문화가 점차 노론 세력권으로 변천해 갔던 사실은 그러한 역사적 모습을 잘 보여주고 있다. 한말에 이르러는 근기지역 화서학파의 위정척사운동이 이 지역에서 의병으로 꽃피우기도 하였다.

한말 전기의병을 상징하던 '호좌창의진' 유인석을 비롯하여 '관동창의군'의 민용호 등이 척사 의식을 앞세워 강렬한 의병전쟁을 전개하였고, 후기의병 때는 원주진위대를 중심으로 한 민긍호의병 등을 비롯해 태백 전역이 의병전쟁터로 확산되어 갔다.

태백 일대는 지리산문화권처럼 산과 강으로 어우러진 문화권의 모습을 지니고 있다. 이들 지역은 산을 중심으로 이뤄진 문화권의 성격을 지니면서도, 태백 일대의 권역이 지리산의 그것보다 훨씬 광활한 점에서 차이를 보이고 있다. 여기서 말하는 태백이란, 백두대간의 중추인 태백산맥을 정점으로 동서남북의 광활한 지역을 포함한다. 행정구역으로 볼 때 강원도 전역은 물론이고, 남한강 일대의 충북 충주·제천·단양 등을 아우르고, 북으로는 함경남도 안변 등지를 포함한다. 단일 문화권으로는 가장 넓은 권역을 이루고 있는 것이다.

한반도 동부에 위치한 태백은 남북을 연결하는 통로였으며, 영남과 관북을 서울로 이어주는 중심에 놓여 있다. 전통시대 이래로 생활권·문화권은 물길·산길 등 교통로와 밀접한 관계를 갖고 있었다. 이것을 기준으로 태백문화권을 세분하면 북한강 일대, 남한강 일대, 동해안 일대 등으로 나눌 수 있다. 북한강 유역의 춘천·인제·양구 등은 진부령·구룡령을 통해 고성·양양과 연결되고, 남한강 유역의 충주·제천·영월·정선·평창·태백 등은 대관령·백복령·댓재 등을 넘어 강릉·삼척과 이어진다. 삼척에서 고성을 거쳐 통천은 육로 뿐만 아니라 뱃길로도 연결된다. 따라서 태백문화권의 범위는 시대에 따라 변화가 있지만, 간성·양양·강릉·동해·삼척 등의 동해안 일대와 양구·화천·춘천·인제·홍천 등의 북한강 유역, 태백·정선·평창·횡성·영월·단양·제천·충주·원주·여주 등의 남한강 유역을 아우르는 한반도 중부의 동쪽에 해당한다고 할 수 있다.

산길과 물길로 어우러진, 사회경제적 기반

태백의 산길과 물길은 태백 지역뿐아니라, 멀리는 관북과 영남으로 이어지고 있었다. 고려시대에 열린 수운은 그러한 태백의 물길과 산길을 개경으로 연결해 갔다. 조선시대에도 태백의 물길과 산길은 서울로 이어졌다. 태백은 한반도 북부에서 남부까지 관통하는 백두대간의 중심에 위치하며, 태백의 여러 갈래 산줄기와 내륙 서쪽으로 흐르는 크고 작은 강들이 주요 통로가 되었다.

북한강과 남한강은 태백의 지맥인 한북정맥과 한남정맥 사이를 흐르고 있다. 한북정맥은 철령에서 어은산·대성산·화악산·운악산으로 이어지다가, 남쪽으로 용문산·운길산, 북쪽으로 소요산·북한산의 두 갈래로 나누어 진다. 이 정맥은 한반도 북부에서 한강 하류 지역을 이으며 북한강을 안고 있다. 남한강 줄기는 한남정맥의 오대산에서 개방산·태기산, 발왕산에서 가리왕산·백덕산·치악산 등 두 줄기로 나뉘어 서쪽으로 흐른다. 한남정맥의 산줄기 사이로는 섬강과 남한강 두 물길이 흐르고 있다.

남한강 일대는 태백 산길과 물길의 중심지였으며, 충주·원주 등지에 분지와 들판이 발달하였다. 남한강 유역은 일찍부터 교통로, 군사적 요충지로도 주목을 받았다. 고구려는 태백 일대를 두고 백제와 대결하면서 남한강 유역으로 진출을 꾀하였다. 장수왕은 백제의 한성을 점령하는 동시에 충주에 진출하여 남한강 일대를 차지하였다. 이후 고구려·백제·신라는 남한강 유역을 두고 치열한 접전을 벌였지만, 소백산맥을 넘은 신라가 이 지역을 확보하면서 삼국의 쟁패는 막을 내렸다. 남한강 유역을 확보하여 서해로의 진출을 이루었던 신라는 상주-보은-청원-증평-진천-안성-당항성으로 연결되는 추풍령로와 상주-충주-여주-이천-광주-한주-강화로 이어지는 남한강 수로, 그리고 영주-단양-제천-원주-홍천-횡성-홍천-춘천-화천-금화-회양-안변으로 나아가는 죽령로 등 태백 일대에 교통로를 신설하면서 이 지역에 대한 수취와 지배를 강화하였다. 이러한 교통로는 충주 중원경, 원주 북원경 등 5소경 가운데 2곳의 소경이 이곳에 설치되면서 크게 이용되었다.

북한강 상류의 소양강댐

　태백문화권은 농경지가 약 9퍼센트이고, 산악지대가 대부분인 82퍼센트를 차지한다. 이처럼 태백은 유달리 산악지대가 발달한 곳이었다. 태백문화권은 계곡 양쪽에 펼쳐진 좁은 경작지와 물길이 합류하는 곳의 충적지를 제외하고는 대부분 산지로 밭농사가 주류였다. 동해안 일대에서는 백두대간의 경사면부터 해안까지의 완만한 평지에 논농사를 지었지만, 자급할 수준을 넘지 못하였다. 그나마 높은 고도로 인한 냉량한 기온, 지형성 강우로 인한 여름철의 많은 비, 백두대간을 넘어 오는 건조한 높새바람 등 때문에 다른 지방보다 농업생산량이 훨씬 떨어졌다. 이러한 지리적 조건으로 인구 밀도도 낮았고 생활 수준도 높지 않았다. 따라서 분수를 지키며 사는 생활을 유지하는데 유리하였다. 그러나 강릉·충주·철원 등지에는 넓다란 평야도 펼쳐져 있었다. 그래서 오래 전부터 부향(富鄕)으로 이름높던 곳이었다. 이러한 사회경제적 배경을 기반으로 철원에는 일찍이 태봉이 들어섰고, 강릉에는 만석꾼이 여럿 나왔으며, 충주의 호족은 고려 왕실의 후원세력으로 활약하기도 하였다.

사회경제적 기반이 다른 지역보다 열악하였지만, 태백문화권은 서울·근기는 물론 영남·관북의 물산과 사람이 교류하는 길목이 되기도 하였다. 고려시대 원주 흥원창과 충주 가흥창은 영남의 조곡이 모여 운송되는 내륙 조운의 중심지였고, 조선시대 춘천의 소양강창은 관북의 물화가 서울까지 이송되는 통로였다. 동예가 고구려에 소금을 조공하였던 이래, 바닷물을 끓여 만든 제염업이 발달하였다. 서해로부터 소금 공급이 원활하지 못할 때 태백의 산림을 이용해 만든 소금은 대관령, 백복령 등 백두대간의 산길을 거쳐 남한강을 따라 서울로 옮겨졌다.

이러한 과정에서 태백 일대에는 많은 장시와 포구가 생겨났다. 원주의 원주읍장은 평창, 횡성에 모인 북한강 유역의 물화가 유통되는 중심지였고, 충주의 목계나루와 제천의 제천장은 정선, 영월을 거쳐 모인 동해안과 태백 내륙의 어염과 목재가 교역되었다. 그리고 제천 북진나루, 충주 달천나루에 모여진 태백, 영남 일대의 물화는 남한강 뱃길을 통해 서울로 옮겨졌다. 이러한 태백의 물길과 산길은 철로가 개통되기까지 오랫동안 태백 사람들의 주요 통로였으며, 생활의 수단이 되었다.

대관령에서 바라 본 강릉

사방을 오고 간 태백의 선사인

　태백문화권은 우리나라 선사문화가 일찍부터 자리잡았던 곳이다. 이곳에 남아 있는 선사인의 흔적은 구석기시대 이래 초기철기시대까지 선사인의 생활과 문화를 알려주는 중요한 것들이다. 북한강 유역의 양구 상무룡리 유적, 춘천 중도 유적, 남한강 유역의 제천 점말동굴 유적, 동해안 일대의 오산리 유적은 그 대표적인 예이다.

　제천 점말동굴 유적은 전기·중기·후기 구석기 전시대에 걸친 태백의 대표적인 선사유적이다. 이 유적은 남한강으로 흐르는 제천천 주변 자연 석회암 지대의 동굴에 있으며, 단양에도 또 다른 동굴유적인 금굴 유적이 있다. 태백의 구석기인은 일찍부터 남한강 일대의 석회암지대에서 자연 동굴을 주거지로 이용하면서 뱃길을 따라 주변 지역으로 생활 공간을 점차 확대해 나갔다.

양구 상무룡리 유적에서는 흑요석기가 발견되었다. 흑요석은 주변에서 구한 것이 아니라 백두산에서 가져온 것이다. 상무룡리의 구석기인은 백두산에서 동해안을 따라 내려오다가 진부령을 넘어 양구에 정착하였다. 춘천 교동 유적은 신석기인의 주거 유적이다. 이곳에서 발견된 토기는 한강 유역이나 함북 지방, 양양 오산리에서 발굴된 토기와 형식이 비슷하다.

태백문화권의 선사인들은 한반도 전역을 오가면 선사문화를 이루었다. 그들은 구석기시대 이래 태백 산줄기로 가로막혀 자체적·고립적으로 생활하지 않고, 백두대간을 넘어 동해안을 따라 함북지방과 교류하였고, 북한강과 남한강을 따라 서해안의 한강유역으로 진출하였다. 태백문화권 일대의 유적에서 발견된 흑요석과 빗살무늬토기에서 보듯이, 이 지역 선사인들은 시베리아에서 한반도 북부를 거쳐 동해안과 북한강·남한강 상류의 산간지역에 정착하였고, 한강과 낙동강을 따라 한강·낙동강 하류에 살았던 선사인과 교류하였다. 태백의 선사문화는 한반도 북부와 남부의 선사문화를 연결하는 통로이자 매개의 역할을 담당한 동서교류, 남북교류의 터전이었다. 선사인이 이용하였던 교통로는 삼국시대 이후에도 여전히 활용되었다.

삼국 통일의 토대를 이룬 남한강 유역

 삼국이 쟁패하던 한국고대사에서 한강과 이어진 북한강·남한강은 한반도 패권을 위한 전략적 요충지였다. 동서로 뻗어내린 한북정맥·한남정맥에 둘러 싸인 북한강·남한강은 한반도 중부를 관통하는 교통로가 되었다. 그런 이유로 한강 하류에 자리한 백제가 북한강·남한강을 따라 동쪽으로 영역을 확대하였고, 고구려가 영역을 가장 크게 넓혔던 광개토왕·장수왕대는 한강을 따라 남한강 이남까지 진출하였다. 신라는 진흥왕대 남한강 유역을 점령하면서 동해안을 따라 황초령, 마운령 등 관북 지역까지 진출하였다. 북한강·남한강은 한반도 북부와 남부, 서해안과 동해안을 연결하는 요지였다. 때문에 삼국이 영역을 팽창해 가면서 남한강을 두고 치열한 영역 다툼을 벌였던 것이다.

 북한강·남한강 유역은 처음에 백제의 영역이었다. 백제는 3세기 고이왕 때 북한강을 따라 춘천까지 진출하였다. 그러나 태백의 높은 산줄기와 능선으로 내륙 깊숙이 진출하지는 못하였다. 태백의 내륙 지역에는 북쪽에서 쫓겨 내려온 말갈족이 곳곳에 살고 있었기 때문이다.

 4세기 초 이곳은 고구려·백제의 각축장이었다. 고구려가 낙랑군과 대방군을 물리쳐 백제와 직접 마주하면서 한강 유역은 양국의 각축장이 되었다. 특히 4세기 후반 백제 근초왕은 고구려 고국원왕을 죽인 뒤 양국의 군사적 대결은 더욱 치열해졌다. 고구려는 4세기 후반부터 신라에 군사를 파견하여 소백산맥 이북으로의 진출을 막으면서 수도를 평양으로 옮겨 백제를 압박하였다. 장수왕은 한강 북쪽 아차산에 진출하여 백제의 수도 한성 공략을 엿보았다. 475년 장수왕은 한성을 공략하여 한강 이남 지역을 점령하는 동시에 충주에 나아가 중원고구려비를 세워 남한강 일대를 장악하였다.

5세기 중반 태백은 고구려·신라 양국이 힘을 겨루던 전장이었다. 신라는 고구려 세력을 축출하며 동해안 일대와 남한강 상류로 진출을 시도하였다. 자비왕·소지왕은 소백산맥을 넘어 남한강 상류 지역에 성을 쌓았고, 삼척에 나아가 고구려 장수를 죽이며 북진을 시도하였다. 6세기 중반 신라의 진흥왕은 동해안과 남한강 상류에 대한 공략을 동시에 감행하면서, 이 일대를 장악하였다. 태백문화권을 확보한 신라는 성과 진을 설치하여 고구려의 공격에 대비하고, 지방관을 파견하여 지배를 강화하였다. 한강 유역에는 신주를 설치하고, 원주와 충주에 북원경과 중원경을 두었으며, 동해안 일대에는 고성에 비열홀주를 두었다. 한편으로는 중앙의 지방관을 새로 편입된 지역에 보내 지역민을 위무하였다. 이러한 정책을 통해 신라는 삼국통일의 전기를 마련해 나갈 수 있었다.

전통사상을 꽃피운 태백의 산하

태백문화권은 고유 문화의 보고이자 한국사상의 근원지였다. 태백 일대는 산이 높고 계곡이 깊어 사람이 살기에 어려운 지리적 조건을 가졌다. 이러한 이유로 태백에서 토착문화는 일찍부터 원형을 유지할 수 있었다. 태백의 곳곳에는 성읍국가 이래 토착문화의 전통을 간직한 산신당이 많이 남아있다. 대관령 국사성황당에 모셔진 서낭은 옛부터 강

충주 탄금대에서 바라 본 남한강

릉에서 모신 산신을 여전히 모시고 있고, 음력 단오날 전후에 벌이는 강릉 단오제의 주신으로 삼고 있다. 태백의 토착적 정서는 다른 지역보다 훨씬 강하게 전해졌다.

한반도에 불교가 전래된 이후, 불교는 토착적 정서를 포용하면서 공인되었다. 태백의 고유신앙은 점차 불교사상에 흡수되었으며, 그런 이유에서 이 지역에는 이름난 고찰이 일찍부터 창건되었다. 특히 태백의 높은 준령은 중국 불교의 성지를 닮아, 신라시대부터 오대산과 금강산은 불보살이 사는 불교의 성지로 받들어졌다. 상원사는 석가, 무량수, 문수, 관음, 지장 등 부처가 사는 오대산신앙의 중심이었고, 동해안에

붙어 있는 낙산사는 관음보살이 상주하는 관음신앙의 성지였다. 신라 불교를 통솔하였던 자장은 오대산을 문수보살의 성지로 만들고 태백의 정암사에 석가모니의 진신사리를 모셔 불사리신앙의 근본 도량으로 삼았다.

불보살의 성지였던 태백의 산과 계곡은 한국 불교사상이 발전하는 터전이었다. 의상은 낙산사에서 신라 사회를 총화로 묶는 화엄사상을 일으켰고, 진표는 금강산 발연사에서 계율을 강조하면서 유식사상을 발전시켰다. 신라가 삼국을 통일한 뒤, 태백의 불교문화는 경주와 함께 신라 불교 발전의 근원이자 원동력이었다. 특히 왕실이 이곳의 사찰을 전폭적으로 지원하면서 교종불교사상이 만개하였다.

교종불교가 만개한 태백은 선종사찰이 널리 알려지게 되는 터전이기도 하였다. 신라말 도의는 설악산 진전사에 들어와 남종선사상을 크게 알렸고, 그의 법맥을 계승한 체징은 신라 선종산문의 하나인 가지산문을 열었다. 강릉 호족 출신인 범일은 교종 사찰을 아우르면서 선종산문인 사굴산문을 개창하였다. 태백의 선종산문은 이전부터 발전하였던 교종불교를 흡수하며 선종사상을 떨쳐나갔다. 태백문화권은 교종불교는 물론 선종불교가 크게 발전한 곳으로, 한국 불교의 근원지이자 성지였던 것이다.

고려시대 태백의 불교문화는 모든 종파가 서로 어우러져 공존하는 장이었다. 고려가 개경에 수도를 세우면서, 남한강의 물길을 따라 원주, 충주 등지에 화엄종, 법상종, 선종 사찰이 잇달아 세워졌다. 이들 사찰은 중앙 왕실의 지원을 받아 고려 불교계의 지방 거점이 되었다. 또한 고려 중기 이자현은 춘천에 청평사를 짓고 선수행을 중심으로 거사

불교를 주장하면서, 태백은 고려시대에도 새로운 불교사상이 일어나는 터전이 되었다.

산이 높고 계곡이 깊지만 물길과 산길로 이어졌던 태백의 지리적 조건은 새로운 사상이 일어나고 발전하는 동력이었다. 조선 말기 천주교도들은 박해를 피해 이곳에서 포교운동을 전개하였다. 남한강 뱃길을 따라 서울로 쉽게 진입할 수 있는 제천의 배론성지나 광주의 천진암은 전래와 순교의 성지로 각광을 받았다. 또한 동학 제1교주 최제우를 이어 동학사상을 크게 일으켰던 최시형은 태백에 은둔하면서 동학사상을 집대성하였다. 동학사상의 성전聖典인《동경대전》이 북한강 유역 인제에서 간행되었던 것은 이러한 이유에서 였다. 태백문화권은 고유신앙을 간직하면서 새로운 사상이 만들어졌던 한국 사상의 보고이자 진원지였다.

이상향의 구현, 궁예의 태봉

신라말 고려초 태백 일대는 신라 국가를 부정하며 새로운 국가가 일어난 역사 변동의 중심지였다. 신라 하대 이 지역에서는 신라 왕실에 반발하여 독자적 지배를 행하였던 호족세력이 일어났다. 그것은 왕위계승쟁탈전에서 패배하여 명주 지역에 정착한 김주원에서부터였다. 8세기 중반 중앙 최고위 관직에 있던 김주원은 김경신에게 왕위를 빼앗긴 뒤, 선대부터 경제적 연고가 있던 명주로 낙향하였다. 김주원과 그 후손은 명주를 중심으로 삼척, 영월, 평창 일대를 장악하며 하나의 독

태봉 건국의 밑바탕이 된 철원평야

자적 세력을 유지해 나갔다.

　태백 일대가 하나의 독자적 문화권을 형성한 것은 북원경 호족 양길과 태봉왕 궁예에 의해서 였다. 양길은 원래 북원경에 거주한 토착 세력으로, 889년 원종과 애노가 사벌주에서 반란을 일으키자 곧 북원경(원주)을 장악하며 독자적 지배를 행하였다. 그는 891년 궁예를 영입하여 북원경을 중심으로 충주, 영월, 평창, 울진 등 남한강 유역과 동해안 일대를 장악하였다. 불과 3년만에 원주를 중심으로 남한강 중·상류 지역을 장악할 정도로 양길의 세력은 강하였다.

궁예는 영월 세달사의 승려였다. 이곳은 김주원의 후손인 명주 호족 관할에 속하였다. 때문에 궁예는 영월을 통해 남한강의 물길을 잘 알았고, 명주 일대의 지리적 조건에 익숙하였다. 원주를 중심으로 태백 일대를 장악하였던 양길은 궁예의 이러한 점을 이용하려고 하였고, 궁예는 양길의 의도를 간파하고 휘하 무리를 데리고 독자적 세력을 일으켰다. 궁예는 명주 호족의 도움을 받아 태백 일대를 아우르고 898년(효공왕 2) 후고구려를 건국하였다. 그는 철원에 도읍을 두고 영월, 평창, 울진, 인제, 화천 등 영동·영서 전역을 장악한 뒤 나라 이름을 태봉이라고 불렀다. 궁예 정권은 남한강·북한강 유역을 따라 각지의 호족 세력을 규합한 뒤 견훤과 함께 후삼국의 쟁패를 겨루었다. 이러한 과정에서 궁예는 송악호족인 왕건과 결합하였다. 그것은 태백의 산악 세력과 개성의 해상 세력이 결합한 것이며, 태백문화권의 범주가 한강 하류, 나아가 서해안 일대까지 확대되는 것이었다. 궁예는 태백문화권을 하나로 아우르며 한반도 중부지방의 역사문화를 일으켜나갔다.

은둔과 풍류가 공존한 태백

고려 왕조가 성립할 때 반왕건세력의 중심은 바로 태백문화권이었다. 왕건의 예성강 일대 해상세력은 무역을 통해 경제적 부를 쌓고 군사력을 키웠던 세력이었다. 점차 태백 일대의 정치·경제의 중심으로 부상하였고, 이러한 과정에서 궁예를 축출하고 고려를 건국하였다. 고

금강산 해금강 전경

려 건국 이후 태백은 태봉의 역사문화를 고수하며 고려에 귀부하기를 거부하였다. 태봉국의 후원자였던 명주 호족 김순식은 왕건에게 나아가지 않고 독자적 지배를 고수하였다. 비록 김순식이 고려에 나아가 성을 사여받고 왕순식이라고 불렸지만, 태백 일대의 세력들은 서해안 일대 역사문화와 구별되는 자신만의 독자적 문화를 유지하려고 하였다.

고려의 중앙 문화가 점차 꽃피우면서 태백의 역사문화는 개경의 문벌귀족문화에 동화되어 가거나 또는 독자적인 지역문화를 고수해 갔다. 왕건은 송악을 도읍으로 삼은 뒤 한강과 서해안의 수로를 통해 차츰 호족들을 아울러 갔다. 특히 남한강·북한강 일대 호족들은 개경의 고려 왕실과 밀접한 관계를 맺었다. 광주의 왕규王規, 충주의 유씨, 원주의 원씨 등이 대표적인 세력이다. 고려 왕실은 이 지역에 거대한 사찰을 짓고 인근 지역을 지배하였고, 이 지역의 호족 세력들은 왕실과의 관계를 통해 세력을 유지해나갔다. 이러한 과정에서 고려시대 남한강의 물길은 주요 수운로로 활용되었다.

북한강·남한강 일대의 호족 세력이 점차 개경에 흡수되면서 태백문화권의 서쪽 범주는 서울을 중심한 문화권의 범위와 중복되었다. 반면 백두대간으로 가로막힌 동해안 일대는 고려 초 왕순식 이래 독자적 지배를 유지해나갔다. 고려 전기에 전국이 5도 양계로 정리될 때, 남경·광주목·충주목·청주목이 있는 북한강·남한강 유역은 모두 양광도에 속해 고려 지방 제도의 핵심을 차지하였지만, 동해안 일대를 중심한 태백문화권은 안변대도호부 아래 교주도로 편제되었다. 서해안을 중심으로 성장하였던 고려는 내륙과 통할 수 있는 한강의 지리적 조건을 중시하였지만, 백두대간으로 가로막힌 동해안 일대에는 큰 관심을 갖지 않았다.

고려시대 동해안 일대는 은둔과 풍류의 고장이었다. 산과 강, 바다가 잇닿아 있는 태백 가운데 대관령 너머 동해바닷가는 경승지로 손꼽혔다. 그러나 관동은 서울과 멀리 떨어졌으므로 세속을 초월하는 은둔지가 되었고, 때로는 유배지이기도 하였다. 은둔의 대표적인 사례는 고려 후기 이승휴였다. 그는 두타산 천은사에 은거하면서 원나라의 압제에 시달리던 당시 《제왕운기》를 지어 민족의식을 강조하였다. 고려 마지막 왕인 공양왕은 삼척으로 유배되어 망국의 한을 달래어야 하였다. 그리고 때로는 시인과 묵객이 이곳을 찾으면서 유람기를 썼고, '관동'의 경관을 뽑아 '관동팔경'을 만들어 냈다. 고려시대 태백은 하나의 문화권 범주를 형성하였지만, 점차 인접 문화권과 교류하거나 소외되어 나갔다.

다양한 사림문화의 태백

조선을 건국한 이성계는 예성강 유역의 송도를 떠나 한강 하류에 수도 한양을 두었다. 한반도 역사문화의 중심은 예성강·임진강 일대에서 다시 한강 하류 지역으로 옮겨졌고, 이에 따라 북한강·남한강 유역이 중시될 수 있었다.

조선시대 태백문화권은 국가 경제의 대동맥이었다. 선사시대 이래 한반도 북부와 남부를 잇는 교통로서의 기능은 조선시대에도 여전히 중시되었기 때문이다. 관북 지방의 세곡은 북한강을 따라, 경상도·강원도 등의 조곡은 남한강을 거쳐 한성부 관내 강창江倉으로 옮겨졌다. 포목·목재·수산물을 비롯한 북한강·남한강·동해안 일대의 물화 등도 한강변의 여러 나루와 포구에 만들어진 장시를 통해 교류하였다. 태백의 산길과 물길은 조선 경제를 이끄는 유통망의 핵심이었고, 경제의 동맥으로 각광받았다. 이러한 현상은 조선 후기에 이르러 더욱 활발해졌다. 태백문화권이 수도 한양 중심으로 전개된 상품경제 발전의 배후지로 역할한 것처럼, 태백문화권의 사림문화 역시 중앙 정계와 밀접히 관계하였다.

태백은 다양한 문화가 공존하였던 우리 역사문화의 장이었다. 춘천·원주·충주와 같은 북한강·남한강의 중·하류 지역은 점차 한양을 중심한 서울·근기 지역 문화권과 동질화되어 갔던 반면, 태백산맥 동쪽의 동해안 일대는 독자적 역사문화를 고수할 수 있었다. 조선 전기부터 한양과 가까운 한강 이북의 양주 지역이나 한강 이남의 광주 지역에는 왕실과 관료들의 경제적 기반이 형성되었다. 또한 남한강변 여주에는 세종의 묘역이 조성되고, 양수리에는 금강산·오대산에 행차하였던 세조가 수종사를 다시 짓기도 하였다.

태백문화권이 서울·근기와 역사문화적으로 가까워지면서 다양한 사림문화가 꽃피우기도 하였다. 춘천 지역은 남인의 조경과 서인의 신흠을 모신 사림이 공존한 반면, 충주 지역은 서인과 남인이 치열하게 세력을 다투었고, 원주 지역은 남인이 향권을 좌우하였다. 특히 충주와 원주 지역은 중앙 정계와 밀접히 연결되었다. 충주 지역은 처음에 북인계 정치세력이 자리를 잡았지만, 17세기 후반 제1차 예송 뒤에 남인은 정구를 모신 운곡서원을 중심으로, 서인은 송시열을 모신 누암서원을 중심으로 향권을 다투었다. 그 뒤 노론과 소론이 세력을 잡았지만 영조 대 이인좌의 난 때 중앙 정계와 연결된 이 지역 소론·남인 가문이 몰락하면서 노론계 서인들이 향권을 좌우하였다. 원주 지역에는 도천서원을 중심으로 남인이 크게 활동하였다. 특히 이 지역에 터를 잡은 정시한은 원주 일대 유력 남인 명문가였는데, 포천의 한양조씨, 연천의 양천허씨, 양평의 광주이씨 집안과 혼인 관계를 맺으면서 기호남인과 교류하였다. 남한강·북한강 일대의 사림들이 중앙 정계와 관계를 맺어 기호사림과 활발히 교류한 반면, 강릉지역 일대의 사림들은 서인과의 관계를 지속하였다. 그것은 이이를 모신 송담서원과 송시열을 모신 오봉서원이 지역의 대표적인 서원이었기 때문이다.

   태백문화권의 사림문화는 서울과 물길을 통해 쉽게 연결되는 춘천·충주·원주는 중앙 정계의 사림과 일찍부터 교유한 흔적을 보이지만, 강릉을 비롯한 동해안 일대는 특정 사림이 오랫동안 세력을 유지한 특징이 나타난다. 태백문화권은 조선 유학을 이끈 이이가 태어난 곳이어서 잠시 주목을 받기는 하였지만, 사림정치가 만연하자 열악한 사회경제적 조건 때문에 태백 내륙과 관동 일대는 중앙의 관심에서 멀어져 갔다. 서울과의 접근성에서 조선시대 태백문화권은 영서와 영동의 구

강릉 선교장의 활래정

별이 점차 뚜렷해졌다. 영서와 근기가 큰 구별없이 교류한 반면, 영동 지역은 태백문화권 교통로의 한 축을 이룰 뿐 중앙과의 교류가 직접 미치지 못하는 독자적 역사문화를 고수하는 '은둔과 유배의 땅'으로 불려졌다. 단종이 '오지'로 불리는 영월 청령포에 유배된 것이나, 병화를 피해 오대산에 사고가 만들어진 것 등은 그러한 이유에서 였다. 그러한 이유에서 1895년(고종 32) 전국을 23개 부로 편제할 때, 태백문화권이 남한강 유역의 충주부, 북한강 유역의 춘천부로 편제되었고, 동해안 일대 지역은 강릉부로 편제되어 행정구획상 구별되고 말았다.

위정척사운동의 본고장, 의병과 독립운동

19세기 말 조선이 서구 제국주의의 침탈을 받게 되자, 태백은 우리 역사문화를 수호하며 새로운 역사를 만드는 사상의 중심지로서 하나의 문화적 동질성을 되찾았다. 태백은 천주교와 동학이 발전하는 터전이자 위정척사사상의 중심으로 동학과 의병 등 항일운동의 근거지였다.

태백은 모든 사상을 품고 그것이 발전할 수 있는 터전을 이루었다. 세도정치기 박해를 받았던 천주교는 서울로 물길이 이어지는 제천에 들어와 신앙을 지키며 교리 발전을 이루었다. 광주의 천진암과 함께 제천의 배론성지가 천주교 성지가 된 것은 남한강을 따라 서울과 교류하기 쉬우면서도 태백의 깊은 산골에서 신앙을 지킬 수 있었기 때문이다. 태백의 험한 지세는 쓰러져 가는 조선을 재건하는 동력이 되었다. 김상헌, 송시열, 권상하 등 기호 서인의 학맥을 계승한 이항로는 위정척사사상을 주창하여 제국 침탈에 시달리는 조선을 구하고자 하였다. 그의 제자인 유중교·유인석·김평묵·최익현 등은 북한강 일대에서 이항로 사상을 크게 전파하였고, 유중교가 제천으로 이사하면서 남한강 일대까지 위정척사사상이 확산되었다. 특히 1876년 강화도조약 체결 이후 최익현과 유인석 등 화서문인은 춘천의 이소응과 연합하여 의병을 일으켰다.

사실 화서문인의 의병활동은 태백 일대에서 크게 발전한 동학사상의 영향을 받았다. 동학사상은 최시형이 인제에서 《동경대전》을 간행하면서, 1870년~80년대 동학은 태백 일대에 널리 알려졌다. 1894년 갑신정변 이후 영월·정선 등지의 동학농민군은 관동의 중심지인 강릉을

봉평장 전경

점령하여 보국안민의 기치를 올렸고, 홍천의 동학농민군은 차기석을 중심으로 뭉쳤다. 차기석은 태백 일대의 동학농민군을 이끌고 홍천의 동창에서 관군과 치열한 접전을 벌였다가 끝내 패배하고 말았다. 그러나 동학농민군의 구국항쟁은 의병전쟁의 도화선이 되어 태백의병의 출현을 가져왔다.

태백에서 의병은 1894년 국모시해와 단발령에 반발하며 일어났다. 1866년 병인양요 때 스승인 이항로를 따라 성리학적 민족주의에서 척화론의 상소를 올린 유인석은 원주에서 의진을 일으켜 제천, 단양, 영월은 물론 경북 일대의 의병을 아우르며 '호좌창의진'을 결성하여 일본에 대항하였다. 이와 함께 강릉을 중심으로 울진에서 원산에 이어지는 관동 일대에는 민용호가 '관동창의군'을 편성하여 의병활동을 전개하였다. '호좌창의진'과 '관동창의군'은 태백의 깊은 산계곡을 통해 포수와 같은 전투적인 세력을 규합하여 의병전쟁을 치렀다. 비록 이들 의진이 모두 패전하였지만, 그것은 전국적 의병활동의 발화선이자 한국 독립운동의 서막을 연 것이었다.

1907년 일제의 침략 의도가 노골화되면서 태백은 국민적 의병전쟁의 요새로 전국 의병전쟁의 선봉이 되었다. 원주진위대의 민긍호는 강릉·양양·홍천·제천·충주 등 태백 전 지역을 돌아다니며 후기의병의 선두로 활동하였다. 이들 의병은 1908년에는 전국 의병을 모두 연합하여 '13도창의군'을 결성하는 주체가 되어 서울진공작전을 펼쳤다. 근대 태백은 쓰러져가는 조선을 보위하는 민족구국의 터전이자 항일운동의 진원지였다.

태백의 동학농민군과 의병은 전국적 항일운동의 발화선이었다. 한반도 북부와 남부의 역사문화를 잇는 우리 역사문화의 중추로서의 태백문화권은 이러한 과정에서 하나의 역사문화적 동질성을 회복해 나갔다.

태백문화권의 역사문화적 특징

한국사에서 문화권은 강이나 분지, 산 등 자연지리적 조건을 기반으로 형성되었다. 안동문화권과 경주문화권이 분지를 중심으로 발달하였던 반면, 금강문화권은 강을 통해 동질의 역사문화권을 이루었다. 그런 점에서 볼 때, 태백문화권은 지리산문화권처럼 산과 강이 어우러진 자연지리적 조건에서 형성된 문화권이다. 다만 지리산문화권이 주위의 역사문화를 지리산의 웅혼한 품에 안으며 조화를 꾀하였다면, 태백문화권은 고유 문화를 바탕으로 외래 문화를 새로운 역사문화로 만든 우리 역사문화 근원지였다.

태백문화권은 선사시대부터 살아왔던 곳이다. 비록 넓은 들을 갖추지 못하였지만, 물길을 따라 계곡 사이에 형성된 충적지는 사람이 살기에 적합한 환경을 이루었다. 한강 상류 일대에 구석기 이래 선사 유적이 많이 남아 있는 것은 이러한 이유에서이다.

태백의 역사문화는 산길과 물길, 바닷길을 통해 주변 지역으로 전파되었다. 북한강·남한강의 물길은 영남과 관북을 잇는 통로가 되었고, 대관령 등 태백 준령을 동서로 횡단하는 고개는 서해와 동해 일대의 교역 창구가 되었으며, 동해 바닷길은 함경도와 경상도를 연결하였다. 태백문화권은 우리의 문화권 가운데 바닷길이 가장 활발했던 곳이기도 하다. 그러나 산물도 풍부하지 못하고, 오랜 세월을 중국과의 교류로 꽃을 피워왔던 한국 역사와 문화 속에서 태백은 중심부를 차지할 수 없었다. 특히 한강 하류, 곧 서울을 중심으로 역사문화가 발전할 때, 태백문화권은 서울·근기문화권의 주변 문화를 이루는 정도에 머물렀다. 사림세력이 번성하던 조선시대에 이르러 이곳의 사림 세력권은 안동문화권이나 금강문화권에 비해 빈번하였다. 처음에는 남인계열이 우세하다가, 점차 노론의 영역으로 변해 갔으며, 한말 무렵에는 화서학파의 중심지가 되었던 것이다.

남북으로 길게 드리워진 백두대간과 동해안 바다로 둘러쳐진 태백

철원 노동당사 건물

　문화권의 지리적 조건은 한편으로 독자세력을 형성하는 기반이 되기도 하였다. 신라말 김주원이 강릉 일대를 독자 지배한 것이나, 궁예가 태백 전역을 아우르며 태봉을 세울 수 있었던 것은 그러한 지리적 조건에서 가능했다고 보아야 할 것이다. 그리고 근대에 이르러는 천주교와 동학이 재기하는 발판이 되었으며, 항일 의병전쟁의 성지가 될 수 있었다.
　태백문화권 역시 일제침략으로 크게 변질되어 갔다. 이 지역에서 일제의 경제수탈은 각종의 탄광·금광 설치 내지 삼림 벌채로 나타났다. 이로서 태백의 산하는 온갖 멍이 들고 폐허가 되었다. 또한 경의선과 중앙선의 개통으로 문화권의 중심지도 이동되었다. 식민수탈로 얼룩진 태백의 산하는 다시 6·25전쟁을 통해 회복하기 어려울 정도로 심한 타격을 받았다. 휴전선으로 문화권이 두동강이 난 태백문화권의 대부분이 군사도시 내지 군사지역으로 변화되었으며, 전통적 질서가 급격히 파괴되고 말았다. 남북으로 열렸던 바닷길도 잘리면서 더욱 쇠퇴해 갔다. 태백문화권의 아픔과 상처는 20세기 이래 1백년이나 지속되었던 것이다.

    그러나 분단의 상징이던 태백 일대가, 근래 통일의 기운을 얻어 조금씩 기력을 회복해 가는 것은 다행한 일이라 하겠다. 아직껏 남북 분단과 대립의 최전선이던 이 지역이 남북화해의 본 무대가 되고, 그에 따라 금강산 여행이 활발해지고 있는 것이다. 앞으로 분단의 장벽이 가셔지게 되면, 동서와 남북을 이어 왔던 태백문화권의 역사문화적 원형도 회복하게 될 것으로 기대된다.

태백에 서린
선사 문화의 자취

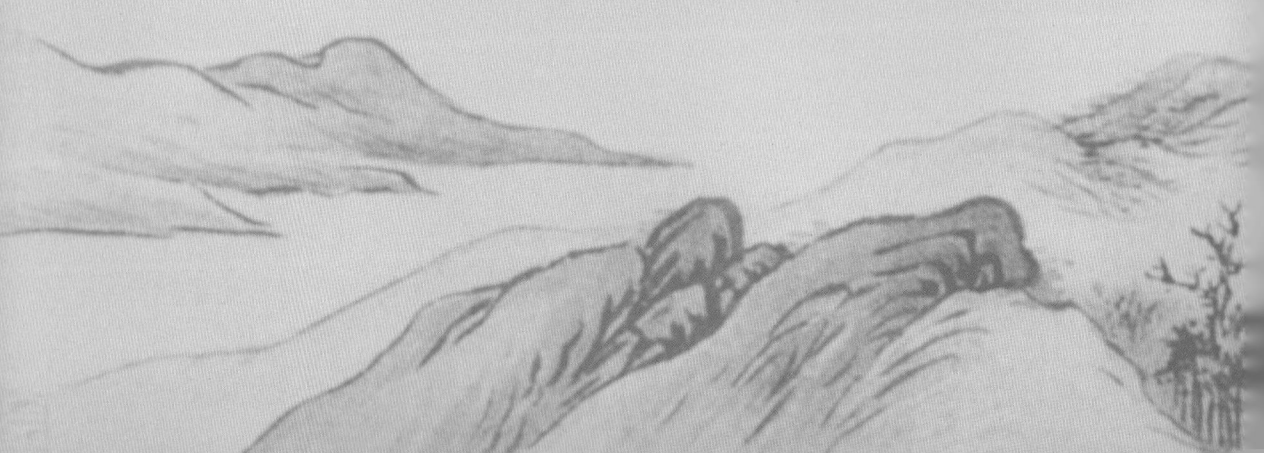

태백 일대는 산길과 물길, 바닷길이 동서남북으로 통하는 곳으로서,
이 길을 따라 일찍부터 선사 문화가 존재하였다.
양구 상무룡리, 제천 점말동굴 유적 등에서
태백은 한반도 동서와 남북의 선사 문화를
잇는 통로이자 터전이었다.
이 과정에서 대관령 국사성황사처럼
태백의 고유 신앙을 간직해오기도 하였다.

태백의 선사 유적과 선사인

선사 문화와 태백의 선사 유적

태백문화권은 높고 깊은 산줄기와 계곡이 연이어 뻗어내린 산간 지역이다. 이곳에는 구석기시대 이래 선사 유적이 곳곳에 남아 있다. 이들 유적은 북한강·남한강 유역과 동해안 일대 등 강 주변이나 해안가에 흩어져 있다.

우리나라 구석기 유적은 한반도 전체에 널리 분포하여 곳곳에서 발견되고 있다. 대부분 한강·두만강·대동강·임진강·금강·섬진강 등 내륙을 흐르는 강 주변에 있다.

북한강 유역의 대표적인 유적으로는 양구 상무룡리 유적, 춘천 교동·중도 유적이 있고, 남한강 유역에는 제천 점말동굴 유적, 단양 수양개 유적이 있다. 구석기인은 사냥·채집·어로를 통해 먹거리를 구해 생활하였다. 때문에 이들 유적에서는 주먹도끼·긁개·밀개 등 석기와 사냥한 동물의 뼈화석도 눈에 띈다.

1만년전부터 시작된 신석기시대의 유적은 패총이나 주거지, 무덤을 통해 알려지고 있다. 한반도의 신석기 유적은 현재 4백여 곳에 이른다. 이들 유적은 강 유역 뿐만 아니라 해안·도서와 내륙 지역에서도 확인

양구 상무룡리 유적과 흑요석제 뗀석기

양구군 양구읍 상무룡리에 있는 구석기 유적으로 평화의 댐 건설로 인해 1987~1988년 발굴되었다. 강변을 따라 내륙에 위치한 대표적인 유적이며, 백두산계 흑요석으로 만든 돌날, 밀개, 새기개 등이 발견되어 주목을 받았다.

된다. 태백문화권에는 춘천 중도와 교동 유적 등 남한강 유역에서도 유적이 발견되었지만, 양양 오산리 유적처럼 동해안 일대에서도 유적이 확인되고 있다. 신석기인들은 빗살무늬토기나 민무늬토기 등 토기와 함께 각종 사냥용·생활용·작업용 석기를 만들어 사용하였고 장신구 등 예술품을 제작하기도 하였다.

산길과 물길을 넘나든 태백의 선사인

북한강 유역의 대표적인 선사 유적은 양구 상무룡리 유적과 춘천 교동 유적이다. 상무룡리 유적은 중기·후기 구석기시대 유적으로, 현재까지 한반도에 알려진 구석기시대 유적 가운데 가장 내륙에 위치하고 있다. 이곳은 북한의 금강산댐에 대응하기 위해 추진된 평화의 댐 건설 과정에서 발견되었고, 6천여 점의 뗀석기[타제석기]가 출토되었다. 이것은 대부분 석영을 재료로 만든 석기이지만, 특이하게 흑요석으로 만든 끝날긁개·옆날긁개·새기개 등도 발견되었다.

흑요석기는 상무룡리 외에 태백문화권에 속하는 철원 장흥리, 홍천 하화계리, 양양 오산리에서도 발견되었고, 평양 만달리·공주 석장리에서도 채집되었다. 특히 이곳의 흑요석은 백두산에서 가져온 것으로 밝혀졌다. 상무룡리의 구석기인은 백두산에서 동해안을 따라 내려오다가 비교적 완만한 진부령을 넘어 원통을 거쳐 양구에 정착하였다. 이들은 북한강을 따라 내려가 홍천에도 살았고, 육로를 거쳐 철원에도 진출하였다.

춘천 교동 유적은 신석기인들이 인공으로 동굴을 만들어 사용한 주

제천 점말동굴 유적
제천시 송학면 포전리 용두산에 있으며, 남한 지역에서 처음으로 조사된 구석기 동굴 유적이다. 6개 가지굴로 이루어진 유적에는 전기·중기·후기 전 시기에 걸친 동물화석과 석기, 식물화석 등이 발견되었다. 구석기시대 자연환경과 생활상 등을 엿볼 수 있는 대표적인 유적이다.

거지 유적이다. 봉의산 동쪽 해발 약 150미터 지점에 있는 동굴에서는 사람뼈 3구와 불땐자리·숯, 토기 등이 발견되었다. 출토된 토기는 한강 유역과 함북 지방에서 발굴된 토기나 양양 오산리의 토기와 유사하다. 이곳에 살았던 선사인들은 함북 지역이나 동해안 지역, 한강 유역과 활발히 교류하였다.

남한강 유역의 선사 유적지는 제천 점말동굴 유적이 잘 알려져 있다. 이 유적은 남한 지역에서 최초로 확인된 구석기시대의 동굴 유적이다. 용두산 병풍바위 아래에 있는 동굴 유적은 석회암지대에 만들어진 자연 동굴과 6개의 가지굴에 위치하고 있다. 동굴은 길이 12~13미터로 작은 규모이지만, 각종 동·식물 화석과 석기 등 풍부한 유물이 발견되었다. 이들 유물은 전기·중기·후기 구석기 전시대에 걸친 것으로, 이를 통해 구석기시대 선사인의 생활과 문화 성격을 규명할 수 있게 되었다.

점말동굴 유적은 남한강으로 흐르는 제천천 주변에 있으며, 단양에도 구석기 시대 동굴 유적인 금굴 유적이 있다. 구석기인들은 일찍부터 남한강 일대의 석회암지대에서 자연 동굴을 주거지로 이용하였고, 물길을 따라 생활 공간을 점차 확대해 나갔다.

동해안 일대에는 특별한 구석기 유적이 남아 있지 않지만, 신석기시대에 이르러 강 주변에 살았던 구석기인들이 점차 내륙이나 해안으로 진출하면서 흔적을 남겼다. 동해안 일대의 신석기인들은 동굴에 살았던 구석기인들과 달리 땅 위에 집을 짓고 농경 생활을 하였다. 양양 오산리 유적은 신석기 주거지 유적으로는 남한에서 가장 오래된 것이다.

오산리 유적은 동해안에서 내륙 쪽으로 2백미터 정도 떨어진 모래 언덕 위에 있으며, 11기의 집터를 비롯하여 여러 돌무지무덤과 다량의

춘천 중도 유적과 중도식 토기
춘천시 호반동에 있는 초기 철기시대 주거지 유적이다. 평면 사각형 2기의 집터는 우리나라 초기 철기시대의 개시를 알려주는 매우 중요한 지표로 평가받고 있으며, 출토된 토기는 평평한 밑바닥에 배가 부르고 아가리가 말린 형태로 '중도식 토기'라 불린다.

석기·토기가 출토되었다. 집터는 대부분 원형이며, 바닥을 찰흙으로 다졌고, 기둥구멍이나 벽의 흔적이 없어 지상 가옥의 형태였던 것으로 보인다. 이곳에서는 서해안 일대에서 출토되었던 밑이 뾰족한 빗살무늬토기가 발견되었고, 남해안 일대에서 발견된 사람 얼굴 모양의 예술품도 출토되었다. 또한 양구 상무룡리 유적에서 발굴된 흑요석도 함께 발견되었다.

태백문화권의 선사인들은 구석기시대 이래 백두대간을 넘어 동해안을 따라 함북지방과 교류하였고, 북한강과 남한강을 따라 서해안의 한강 유역으로 진출하였다. 또한 신석기시대 초기 이 지역의 선사 문화는 만주와 한반도 북부는 물론 서해안·남해안 일대의 선사 문화와 매우 활발히 교류하였다.

태백은 산길로 한반도의 북부와 남부를 잇는 교통로이며, 물길로 한반도의 서부와 동부를 연결하는 통로이다. 시베리아에서 남쪽으로 이동한 선사인은 백두대간과 동해안을 거쳐 한반도 남부로 이동하였다. 중국에서 건너온 선사인들은 한강을 따라 태백의 내륙지역으로 접근하였다.

양구 고대리 고인돌
양구군 양구읍 하리 양구선사박물관 정원에 복원되어 있는 고인돌로, 고대리2지구 지석묘군에 속하는 고인돌 가운데 하나이다. 이 고인돌은 4개의 받침돌을 세워 돌방을 만들고 그 위에 거대하고 평평한 덮개돌을 올린 탁자식인데, 덮개돌 아래 받침돌이 있고 그 밑에서 다시 무덤방이 있는 특이한 구조로 만들어졌다. 이것은 양구 지역의 선사문화가 구석기 시대부터 청동기 시대까지 이어졌음을 보여준다.

태백문화권 일대의 유적에서 발견된 흑요석은 백두산 화산암의 흑요석과 성분이 같고, 빗살무늬토기와 예술품은 한강 하류나 낙동강 하류에서 만들어진 것과 유사하다. 태백문화권의 선사인들은 시베리아에서 한반도 북부를 거쳐 동해안과 북한강·남한강 상류의 산간 지역에 정착하였고, 이들은 한강과 낙동강을 따라 한강·낙동강 하류에 살았던 선사인과 교류하였다. 태백의 선사 문화는 한반도 북부와 남부의 선사 문화를 연결하는 통로이자 매개의 역할을 담당하였던 것이다.

***자세히 들여다보기

조동걸, 《태백의 역사》, 강원일보사, 1973

손보기, 〈한국 구석기 문화의 연구 – 제천 점말동굴 발굴조사 연구〉, 《한국사연구》 19, 1978

국립중앙박물관, 《중도》 1, 1980

서울대학교 박물관, 《오산리유적》 1·2·3, 1984·1985·1986

강원대학교 박물관, 《상무룡리》, 1989

태백의 성황신과 강릉 단오제

태백을 지키는 성황신, 대관령 국사성황사

대관령은 옛부터 영서와 영동을 잇는 길목이었다. 해발 832m인 대관령은 일찍부터 동해안과 한강 유역을 연결하는 교통로로 이용되었다. 강릉에서 대관령을 넘으면 오대산에서 발원한 오대천을 따라 남한강으로 나아가고, 남한강은 뱃길을 통해 서해안과 연결되었다. 이런 이유로 대관령은 백두대간을 넘는 여러 고개 가운데 가장 많이 이용되었다. 서울에 사는 율곡 이이의 아버지 이원수는 강릉에 사는 부인 신사임당을 만나기 위해 대관령을 자주 넘곤 했다고 한다.

대관령을 넘다보면, 백두대간의 산줄기가 북에서 남으로 흐르는 정상에 국사성황사와 산신각이 있다. 대관령 국사성황사와 산신각에는 영동지방의 가뭄·홍수·폭풍·질병·풍작·풍어 등을 보살펴 주는 영험한 여러 신이 모셔져 있다. 성황사에는 강릉 일대에 선종 사상을 널리 전했던 범일梵日 국사를 모시고, 산신각에는 강릉 호족 김순식金順式이 후백제 신검을 정복할 때 도와주었던 두 귀신을 줄곧 모셔왔다고 전한다.

사람들이 오고가는 고개에는 성황신[서낭신]을 모신 성황당이 있다. 서낭신은 원래 성城을 지켜주는 신이었다. 성곽을 두른 채 한 지방을 다

관동의 관문, 대관령

스렸던 관아 주변에는 반드시 성황사가 있었다. 세월이 흐른 뒤 성황신은 토속신土俗神으로 변화하여 마을을 지켜주는 수호신으로 정착하였다.

자연부락의 마을 입구에는 당나무를 심고 석축을 쌓아 올린 돌무더기에 성황을 모셨다. 마을 사람들은 매년에 1~2번 성황에게 제사[堂祭]를 지내 마을의 안녕을 기원하고, 이 기간동안 마을 회의를 열어 마을의 현안을 논의하였다. 이러한 당제에는 마을을 감싸고 있는 산의 산신에 대한 제사도 함께 이루어졌다.

마을을 수호하는 성황과 산신에 대한 제사는 무당이 지냈다. 당제는 농경시대 이래 사람들이 정착생활을 시작하면서부터 비롯되었기에 그 지역만의 토착성·독자성이 깊이 배여 있다. 대관령의 성황사와 산신각에는 대관령을 넘나들었던 강릉 일대의 토착적 문화가 남겨져 있다.

강릉 단오제에 담긴 태백의 고유 신앙

강릉에서는 매년 음력 4월 1일부터 대관령 국사성황사· 산신각에서 국사성황신을 모셔와 제사를 지내고 있다. 제사는 4월 15일부터 굿놀이와 함께 시작되는데, 이것이 강릉 단오제이다. 강릉 단오제는 동해안 일대에서 가장 크게 여는 굿놀이이다.

매년 열리는 강릉 단오제는 음력 3월 20일 제사에 올릴 술을 빚는 것으로부터 시작된다. 4월 1일과 8일에 이르러 국사성황사에서 헌작·독축·무악의 순서로 제사를 지내며, 본격적인 단오제가 열린다. 다시 4월 15일 국사성황사에서 제사를 지낸 뒤 신대[神竿木]를 베어 대관령 국사성황으로 모시고 강릉으로 내려와 여女성황당을 거쳐 서낭부부를 만나게 하는 봉안의식을 치른다. 이렇게 축제의 분위기를 돋운 뒤 4월 27일 굿을 하고, 5월 3일 남대천에 설치한 본제청에서 본제를 시작하여 몇 일동안 무당굿과 관노 놀이를 시작으로 풍어제·풍년제·관노가면극 등 갖가지 민속놀이를 벌인다. 5월 7일 신대에 불을 붙이고 대관령 국사성황을 보내드리는 봉송 과정을 끝으로 50일 동안 열린 단오제의 모든 일정을 마친다.

강릉 단오제에 대한 기록은 1603년 강릉 출신 허균許筠이 처음으로 남겼다. 당시의 성황신은 김유신 장군이라고 하였다. 그것은 김유신이

●● 헌작 제사 때 술을 올리는 것
독축 축문이나 제문을 읽는 것
무악 무속 의식에 쓰이는 음악

대관령 국사성황사

평창군 도암면 횡계리 대관령 정상 부근에 있는 성황당으로 명주 출신으로 사굴산문을 열었던 범일국사를 모셨다. 매년 음력 4월 15일 이곳에서 제사를 지낸 뒤 강릉 단오제를 시작한다. 자연재해로부터 마을을 보살펴주는 관동의 대표적인 신당이다.

어려서부터 명주溟州(강릉)에서 무술을 익혔고, 죽은 뒤 대관령의 산신이 되었다는 이야기가 전하였기 때문이다. 그 뒤 강릉 사람들은 해마다 5월이면 대관령에서 신을 맞이하여 즐겁게 해주었다.

    강릉의 향토지인 《임영지臨瀛誌》에는 이와 다른 기록이 전한다. 매년 4월 보름이면 향리의 으뜸인 호장戶長이 무당들을 거느리고 대관령에 올라가 신목을 베어 모시고 마을로 내려와 단오날 무당패가 굿을 한다고 전한다. 단오제에서 모시는 주신主神은 대관령 국사성황신과 대관령

대관령 산신각
평창군 도암면 횡계리 대관령 정상 부근에 있는 산신각으로, 김순식이 고려 태조와 함께 후백제 신검을 물리칠 때 도움을 준 두 귀신을 모셨다고 한다. 현재 산신각 뒷편의 바위는 무굿이 벌어지는 제장으로 쓰이고 있다.

국사여성황신이지만, 김유신으로 상징되는 대관령 산신도 중요하게 모셔졌다. 강릉 단오제는 김유신과 같은 뛰어난 장군이 마을을 지켜주리라는 믿음이 강하게 남았으면서도, 강릉의 토착세력이 제사를 주관하는 토착성·독자성도 함께 가졌다.

강릉은 옛부터 동예東濊에 속하였다. 동예는 10월에 무천舞天이라는 제천 의례를 거행하였다. 무천은 한 해의 농사를 마무리하고 풍작을 감사하는 추수감사제의 성격이 강하였다. 반면에 단오날에 치루어지는 강릉 단오제는 씨앗을 뿌린 뒤 곡물의 성장을 기원하는 축제인 셈이다.

강릉 단오제는 삼한시대 이래 강릉 일대의 고유 신앙을 대변해 온 축제였다. 대관령 성황신으로 태백문화권 일대에서 선종사상을 널리 알려온 범일이 모셔진 것이나 강릉 호족 김순식이 숭배했던 두 귀신이 산신으로 받들어져 온 것은 이 지역의 토착성·독자성을 상징하고 있다.

***자세히 들여다보기

김경남, 〈강릉단오제 제신의 성격〉, 《관동민속학》 12, 관동대 강릉무형문화재연구소, 1997

김두진, 《한국고대의 건국신화와 제의》, 일조각, 1999

황루시, 〈강릉단오제의 전통성과 지속성〉, 《역사민속학》 9, 1999

문창로, 《삼한시대의 읍락과 사회》, 신서원, 2000

신호, 〈'강릉단오제'의 역사적 변천〉, 《경산문화연구》 6, 경산대 경산문화연구소, 2002

장정룡, 《강릉단오제》, 집문당, 2003

삼국의 공방지
물길과 산길

한강의 발원지인 태백은 삼국의 쟁패지였다.
3세기 이후 백제가 북한강 유역에 진출한 이후,
4~6세기에는 고구려와 신라가
남한강을 두고 치열한 다툼을 벌였다.
남한강 유역과 동해안 일대를 장악한 신라는
마침내 삼국을 통일할 수 있었다.

중원을 둘러싼 삼국의 공방과 남한강 유역

백제와 고구려의 중원 장악

북한강과 남한강은 한반도의 중부를 관통하며 북부와 남부를 연결하는 국토의 대동맥이다. 금강산에서 발원하는 북한강은 태백의 북부 지역을 흐르고, 태백산에서 발원한 남한강은 태백 남부를 거쳐 한강으로 흘러 나간다. 북한강과 남한강은 태백문화권의 모든 지역을 흐르는 태백의 젖줄이며, 태백 사람들은 물길을 따라 한강 하류로 진출하거나 고개를 넘어 동해안은 물론 함경도·경상도 등지로 나아갈 수 있었다. 우리 역사에서 태백의 물길과 산길을 장악한 나라가 한반도의 패권을 차지할 수 있었던 것은 이러한 북한강·남한강의 지리적 이점 때문이었다.

북한강과 남한강 유역은 백제의 영역에 속하였다. 고구려에서 남하한 온조와 부여계의 비류는 각각 서울과 인천 지역에 정착해 소국을 세웠다. 이후 온조가 비류 집단을 포용하면서 하남위례성에 도읍을 옮겼다. 백제는 한강 물길을 따라 북한강과 남한강 중·하류 지역에 영향을 미쳤다. 그러나 상류 지역으로는 말갈족 때문에 진출하기 어려웠다. 백제는 상류 지역에 있는 말갈족 때문에 산이 높고 계곡이 깊은 태백 일대에 영향력을 크게 미칠 수 없었다.

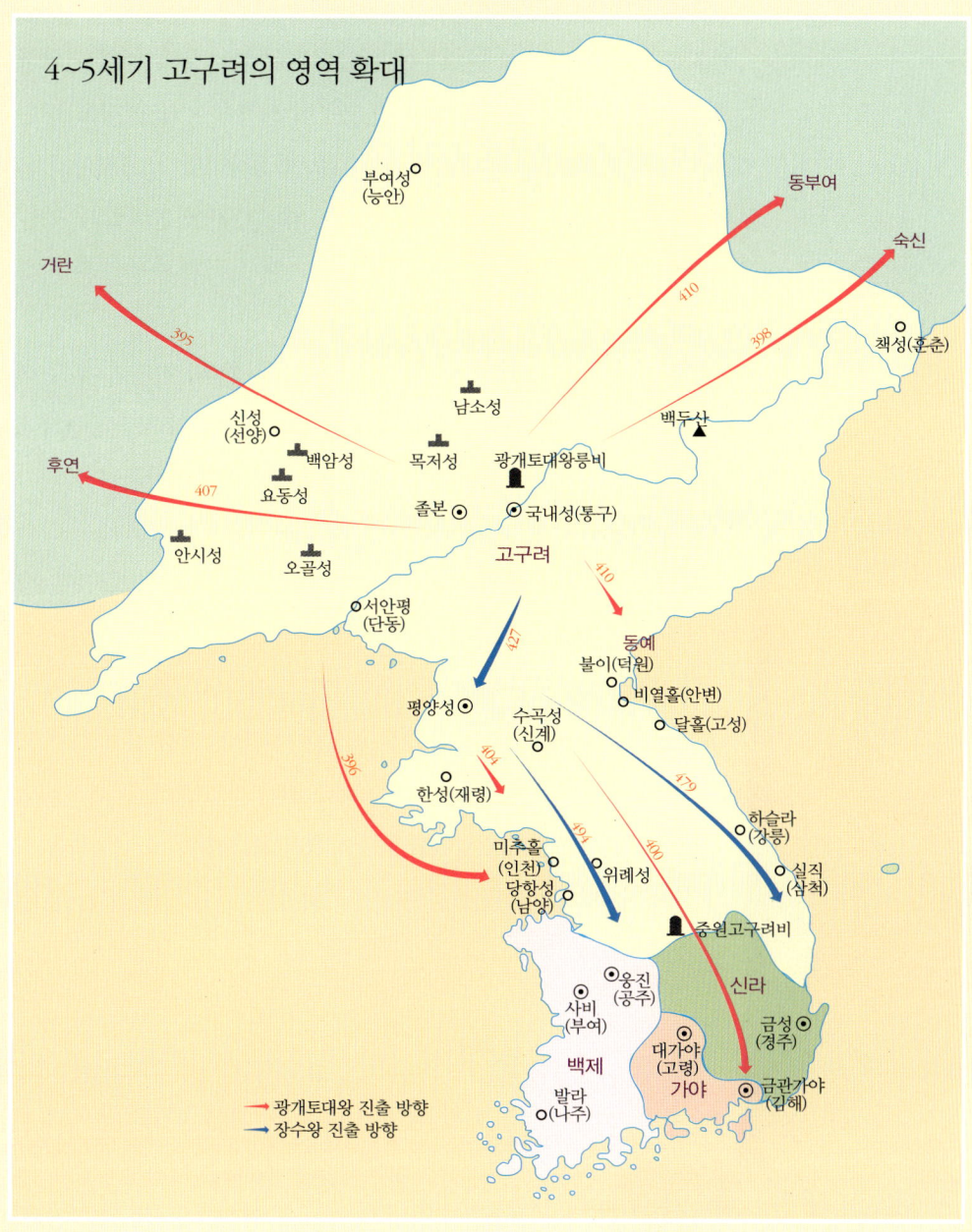

삼국의 공방지, 태백의 물길과 산길

말갈족은 원래 만주와 연해주에 살았던 종족이다. 고구려가 건국하자 속말 말갈과 백산 말갈 두 종족이 고구려 세력을 피해 함경도·강원도 일대에 내려와 터전을 잡고 농사를 지으며 정착하였다. 그러다가 고구려에 예속되면서 일부 말갈족은 강원도 남부까지 진출하였다. 이들은 동해안과 북한강을 따라 태백 일대를 오가며 신라와 백제를 자주 침입하였다.

4세기 초반 고구려는 낙랑군·대방군을 멸망시킨 뒤, 한강을 두고 백제와 힘을 겨루었다. 자연 태백 일대에도 점차 진출하기 시작하였다. 4세기 말 광개토왕은 신라에 쳐들어온 백제·왜·가야 연합군을 물리치고자 남하하였다. 이때 고구려는 말갈족을 복속시키고 태백 일대를 남방 진출의 전초기지로 삼았다. 5세기에 들어서 고구려는 남한강 중·상류 지역에 대한 공세를 더욱 강화하였다. 장수왕은 백제의 수도 한성을 공격하여 한강 하류 일대를 점령하였다. 그리고 기세를 타고 남한강 물길을 따라 남한강 유역의 여러 성을 공격하면서 소백산맥 이북의 요충지인 충주에 진출하였다. 특히 449년(장수왕 37) 충주에 중원고구려비를 세워 이 지역이 고구려 영토임을 대내외에 선포하였다.

중원고구려비
충추시 가금면 용전리에 있는 고구려 석비로 국보 제205호이다. 현재 국내에 있는 유일한 고구려 비로 449년 장수왕이 남한강 유역을 개척하고 세웠으며, 1979년 우연히 발견되었다. 고구려 관등, 지명 등이 쓰여 있어 5세기 중반 고구려의 남진 과정을 살필 수 있다.

중원고구려비는 국내에 유일하게 남아 있는 고구려 석비이다. 비문은 비바람에 많이 훼손되었지만, '고려대왕高麗大王', '전부대사자前部大使者', '제위諸位', '사자使者' 등 고구려의 대왕이나 관직 이름과 '신라토내新羅土內' 등 고구려가 신라를 불렀던 말들이 확인된다. 이곳에 비를 세운 이유는 장수왕이 충주 진출 이후 신라를 직접 압박하는 동시에 남한강을 따라 백제 세력의 진출을 견제하려는 의도였다. 고구려의 중원 진출 이후 남한강을 두고 고구려·신라·백제 삼국의 치열한 영역 다툼이 벌어졌다.

신라의 고구려 세력 축출과 남한강 진출

신라는 4세기 말부터 고구려의 영향 아래 놓여있었다. 고구려의 간섭을 받는 상황에서는 신라의 독자적인 발전을 기대할 수 없었다. 따라서 신라는 고구려의 영향에서 벗어나려고 반고구려 정책을 실시하였다. 433년 고구려가 백제를 공격하자, 신라는 백제와 동맹을 맺어 고구려의 남진에 대비하였다.

470년 자비왕 때 보은에 삼년산성을 쌓는 것을 시작으로 주변 지역에 여러 성을 쌓아 금강과 남한강 상류 지역의 진출을 적극적으로 전개해 나갔다. 자비왕·소지왕은 추풍령을 넘어 금강 상류 지역과 남한강 지류인 충주의 달천達川까지 진출하였다.

고구려는 장수왕·문자왕대 충주 일대를 점령한 뒤, 소백산맥 이북으로 진출하려는 신라의 공세에 맞서 파상적인 공격을 가했다. 494년에는 살수[충북 청천]에서 신라·백제 연합군을 물리치면서 예봉을 꺾었다. 이후 6세기 중반까지 고구려는 소백산맥 이북 남한강 상류 지역과 금강 상류 지역에서 신라와 백제 군사를 연이어 대파하며 중원 일대를 장악하였다.

신라 진흥왕은 소백산맥 이북 진출을 적극 시도하였다. 545년 죽령을 넘어 남한강 상류로 진출하였다. 이 때 고구려 영토였던 단양 적성에 비를 세웠다. 적성비는 545년(진흥왕 6) 이후 이사부異斯夫를 비롯한 신라 장군이 죽령을 넘어 적성에 세운 석비이다. 적성은 북쪽으로 남한강이 가로질러 흐르고, 동쪽에 죽령천, 서쪽에 단양천이 남한강으로 흘러드는 천연의 방어요새이다. 또한 남한강을 따라 오르내리는 수로와 죽령으로 이어지는 육로가 나 있어 교통의 요지이기도 하였다.

비문에는 신라의 영토 확장을 돕고 충성을 바친 야이차 등 적성 지역 사람들의 공훈을 표창하고, 동시에 장차 신라에 충성을 다하는 사람에게도 똑같은 포상을 내리겠다는 내용이 담겨 있다. 신라는 단양적성비를 통해 이 지역이 신라의 영토임을 확인하고, 새로 복속된 고구려인들의 민심을 달래려고 하였다.

남한강 상류를 차지한 신라는 곧이어 하류 지역으로의 진출을 꾀하였

단양적성비
단양군 단성면 하방리 적성에 있는 현재 가장 오래된 신라시대 비로, 국보 제198호이다. 1978년에 발견된 비는 545년 진흥왕이 죽령을 넘어 적성을 점령한 뒤 현지민을 포상하기 위해 세웠다.

다. 551~553년에 이사부·거칠부居柒夫 등은 도살성(충북 증평), 금현성(충남 전의)을 공격하여 금강 상류 지역을 확보하고, 죽령 이북과 고현(철령) 이남에 속하는 한강 상류지역 10개 군을 점령하였다. 진흥왕은 이곳에 신주新州를 설치하고, 김무력을 군주로 삼아 서둘러 지배체제를 강화하였다. 특히 김유신의 증조부였던 김무력이 554년 관산성(충북 옥천) 전투에서 백제 성왕을 살해하면서, 신라는 중원 일대를 확고히 장악하였고, 한강 하류 지역으로 진출하였다. 568년 진흥왕은 북한산에 순수비를 세워 한강 하류 지역에 대한 지배를 대내외에 과시하였다. 이로써 중원 일대를 중심으로 한 고구려·백제·신라 삼국의 치열한 영역 싸움은 6세기 중반에 이르러 신라의 승리로 끝나게 되었다.

신라는 남한강 유역으로 진출할 즈음에 동해안으로도 북진해 달홀주(강원도 고성)에서 고구려와 대치하였다. 이로써 한강 하류 지역과 동해안 일대는 모두 신라의 영역에 속하였다.

6세기 중반 태백 일대는 신라의 영역으로 완전히 복속되었다. 이후 신라는 이곳에 군사기지를 설치하여 고구려에 대한 방비를 확고히 하는 동시에 사찰을 건립하여 지역민을 위로하며 신라 사회로 편입하려고 애썼다. 이를 위해 태백 일대에 새로운 교통로를 닦았다.

상주-보은-청원-증평-진천-안성-당항성으로 연결되는 추풍령로와 상주-충주-여주-이천-광주-한주-강화로 이어지는 남한강 수로, 그리고 영

중원 탑평리 칠층석탑
충주시 가금면 탑평리에 있는 칠층석탑으로, 통일신라시대 석탑 가운데 가장 크다. 이층기단 위에 칠층 탑신을 올린 국보 제6호의 탑은 통일신라 시대 이래 한반도의 중앙부에 있다고 하여 '중앙탑'이라고도 불린다.

주-단양-제천-원주-홍천-횡성-홍천-춘천-화천-금화-회양-안변으로 나아가는 죽령로 등이 이때 신설된 교통로였다. 이러한 교통로를 통해 신라는 당나라와 교류를 시작하고 고구려와 백제를 압박해 나갔다.

*** 자세히 들여다보기
이병도 등, 《사학지》 13, 중원고구려비특집호, 1979
정운용, 〈5~6세기 신라 고구려 관계의 추이-유적 유물의 해석과 관련하여〉, 《신라의 대외관계사 연구》, 1994
남풍현 등, 《고구려연구》 10, 중원고구려비연구특집, 2000
장창은, 〈신라 자비~소지왕대 축성·교전지역의 검토와 그 의미-소백산맥 일대 신라·고구려의 영역향방과 관련하여〉, 《신라사학보》 2, 2004

신라의 북진과 동해안 일대

동해안 일대를 차지하려는 고구려와 신라의 각축

신라는 건국 이후 동해안 지역에 대해 각별한 관심을 가졌다. 혁거세왕대부터 신라는 동해안으로 침입해 오던 왜구에 시달렸다. 일찍부터 왜구의 침입로였던 경주 동쪽 토함산 주변이나 울산 지역에 방어선을 구축하고, 우시산국(울산)·거칠산국(부산) 등 동해안 남부의 소국을 정벌해 나갔다. 2세기 초에는 음즙벌국(안강)·실직곡국(삼척)을 복속하며 동해안을 따라 북진하였다.

한편 고구려 또한 일찍부터 동해안 지역에 대한 영향력을 행사하고 있었다. 함흥 일대의 동예는 고구려에 예속되어 해산물과 소금 등의 토산물을 바쳤다. 고구려의 재상이었던 을파소가 소금 장수를 하였던 것으로 보아, 고구려에서는 해산물과 소금의 보급이 매우 중요하였다. 고구려는 소금을 안정적으로 확보하기 위해 신라의 파상적인 북진을 막아야 했다.

이러한 상황에서 4세기 후반 왜가 신라를 침입하였다. 신라 내물왕은 왜를 물리치기 위해 고구려에 원군을 요청하였고, 광개토왕은 5만의 군사를 파견하여 신라를 도왔다. 이후 고구려는 신라의 영토에 자국

군대를 주둔시키면서 실성왕과 눌지왕의 즉위 과정에 개입하는 등 영향력을 행사하였다. 4세기 말부터 동해안 일대는 고구려의 지배에 놓이게 되었다.

5세기 중반에 이르러 고구려는 신라의 반격을 받았다. 450년 신라는 고구려 변방 장수를 삼척에서 살해하고, 소백산맥 이남 지역과 동해안 일대에서 고구려 세력을 축출하였다. 특히 475년 고구려가 한성을 갑자기 공격해 백제의 개로왕을 죽이고 한강 하류 일대를 점령하자, 자비왕·소지왕은 고구려세력을 소백산맥 이북으로 축출하기 시작하였다. 이러한 과정에서 479년 고구려는 호명성(청하)에 진격하여 신라의 왕경을 압박하였다. 신라는 백제·가야와 연합하여 고구려 군사를 니하(강릉)까지 몰아냈다.

고구려와 신라는 5세기에 줄곧 동해안 일대를 두고 각축하였는데, 이러한 대립은 6세기 초반까지 계속되었다. 이 시기에 신라는 고구려 군사를 소맥산맥 이북으로 몰아내는 동시에 동해안 일대에서 고구려 세력과 치열한 각축을 벌였다. 신라는 동해안 일대에 안정적인 방어망을 구축하려고 애썼다.

신라의 동해안 일대 지배 강화

503년 지증왕은 실직에 처음으로 주州를 설치하고 이사부를 군주로 파견하여 주둔하게 하였고, 뒤이어 우산국于山國(울릉도)을 정벌하여 동해의 제해권을 장악하였다. 신라는 동해안 일대를 점령하면서 새로운 지방제도·군사제도를 실시하여 복속지에 대한 지배를 강화하였다.

삼국의 공방지, 태백의 물길과 산길

곧 지증왕은 503년 포항 냉수리에서 벌어진 재산 분쟁에 직접 개입하였고, 524년 법흥왕은 울진에 순행하여 고구려에 충성하였다가 신라에 예속된 지역민을 직접 위무하였다. 6세기에 이르러 신라는 내륙으로는 소백산맥을 고구려와 경계로 삼고, 동해안 일대에는 울진을 중심으로 고구려 세력의 남하를 막았다.

6세기 중반 신라는 태백 일대를 적극 공략하였다. 진흥왕은 551년 백제와 연합하여 한강 상류 지역 10개 군을 점령한 뒤 곧바로 백제가 점령한 한강 하류의 6개 군까지 빼앗아 신주新州를 설치하였다. 이후 진흥왕은 한강 상류 일대를 되찾으려는 백제와 격전을 벌이면서, 동해안 방면으로의 북진을 시도하였다. 556년 진흥왕은 비열홀주(함남 안변)를 설치한 뒤, 이곳에 마운령비와 황초령비를 세워 신라의 영역임을 밝혔다. 그러나 고구려의 거센 반격을 받아 568년 달홀주(고성)로 후퇴해 이곳을 경계로 고구려와 대치하며 삼국 통일전쟁을 맞이하였다.

동해안 지역은 남북으로 완만한 지형을 이루어 일찍부터 한반도의 북부와 남부를 쉽게 오갈 수 있는 교통로가 개발되었다. 또한 이곳의 비옥한 평지는 선사시대 이래 주거지로 각광을 받았다. 해안가의 평야는 풍족하지는 않지만 작은 성읍국가를 유지할 수 있을 정도의 사회경제적 조건을 갖추고 있었다. 특히 서쪽으로는 백두대간의 산줄기가 가로막고 있어 한반도 서쪽에서 벌어지는 정국의 혼란에서도 비교적 무사할 수 있었다. 그러

울진봉평신라비
울진군 죽변면 봉평리에 있는 신라 석비로, 524년(법흥왕 11)에 세워졌다. 길이 204cm의 국보 제242호인 석비에는 복속민인 노인奴人에 대한 내용이 적혀 있어 신라의 대외 팽창과 대복속민 정책을 확인할 수 있다

한 이유로 동예는 고구려에 복속되기 전까지 소국의 형태를 유지하면서 이 일대를 통치하였다.

신라는 건국 초기부터 경주 주변의 경제적 기반을 확보하려고 했다. 동해안 일대의 평야는 신라의 주된 관심 대상이었다. 2세기부터 동해안을 따라 올라가 삼척과 고성까지 영토를 개척하였다. 하지만 고구려의 견제를 받아 신라의 북진은 쉽지 않았다. 동예가 고구려에 해산물과 소금을 바친 것에서 보듯이, 동해안 일대는 고구려의 국가 재정을 충당하는 중요한 지역이었다. 또한 높은 산과 깊은 계곡으로 인해 교통이 불편했던 영서지역과 달리 동해안 일대는 신라의 세력 진출을 손쉽게 견제할 수 있는 지름길이었다. 때문에 동해안 일대는 일찍부터 고구려와 신라의 각축장이 되었다.

그러나 6세기 후반 이후 동해안 일대에서 고구려와 신라는 군사적 대결을 벌이지 않았다. 이 시기에 고구려·백제·신라 삼국은 한강 하류 지역과 소백산맥 주변에서 치열한 격전을 벌였기 때문이다. 동해안 일대는 교통로로서만 활용되었다. 자연 이 지역 사람들은 토착적 정서를 유지하고 외부에서 유입되는 문화를 받아들이면서 점차 독자 문화를 형성해 나갔다.

*** 자세히 들여다보기

이병도 등, 《사학지》 13 – 중원고구려비특집호, 1979
정운용, 〈5~6세기 신라 고구려 관계의 추이 – 유적 유물의 해석과 관련하여〉 《신라의 대외관계사 연구》, 1994
남풍현 등, 《고구려연구》 10 – 중원고구려비연구특집, 2000
영남대 민족문화연구소 편, 《전근대 동해안 지역사회의 운용과 양상》, 경인문화사, 2005

한강으로 통한 태백의 물길과 산길

북한강과 동해안을 잇는 물길과 산길

　북한강과 남한강은 서해와 동해를 잇는 한반도의 중추이다. 자연 북한강과 남한강 유역에는 태백을 넘는 물길과 산길이 생겨나게 되었다.

　북한강 유역의 산길과 물길은 남한강 유역보다 다양하지 않다. 남한강이 영남대로와 연결되어 일찍부터 이용되었던 반면, 북한강은 특정 지역과 물산의 수송이나 인구의 이동이 상대적으로 적었기 때문이다.

　북한강 유역의 주요 산길과 물길은 크게 두 갈래이다. 하나는 가평-춘천-인제-양구-말휘령·철령-원산을 연결하는 길이고, 다른 하나는 가평-홍천-구룡령-양양에 이르는 길이다.

　원산에서 가평에 이르는 북한강 북부 산길은 춘천-인제를 거쳐 진부령·오색령을 넘어 고성·양양에 도달하며, 화천의 구만나루를 거쳐 철원으로 연결되거나 인제의 내린천을 통해 홍천과도 연결되었다. 이를 통해 우리나라 명태의 최대 산지인 원산과 고성의 수산물이 북한강을 거쳐 서울로 유입되었다. 특히 화천의 사창장은 철원 지역의 물산이 수송·거래되었고, 양구의 원통장은 외설악과 내설악을 잇는 중요 장시로 산간과 해안의 물산이 거래되기도 하였다. 이들 장시에서 거래된 물화는 다시 춘천의 읍내장·창촌장·광판장·서오지리장·샘밭장·옥산포장을 통해 한강을 따라 서울로 이동되었다.

양양에서 가평에 이르는 북한강 남부 물길과 산길 또한 물화 이동의 통로로 이용되었다. 그 길은 때로 홍천 운두령을 넘어 평창-대관령을 거쳐 강릉에 연결되기도 하였다. 설악산과 인제에서 생산된 산나물 등은 내린천 상류를 따라 홍천 중앙장·도관장·동창장·창촌장·서석장·자은장·양덕원장·서동장 등을 거쳐 청평에서 뱃길로 서울로 운송되었다. 한말 홍천의 동창에 주변 지역의 곡물이 모이는 대규모의 창고가 있었던 것은 이러한 교통로가 활발히 이용되었기 때문이다.

남한강 일대의 장시와 동서 교류

남한강 일대에는 북한강 일대보다 많은 장시가 열렸다. 그것은 남한강의 물길과 산길이 북한강보다 다양하였기 때문이다. 여주-충주-제천-단양-영월-평창-대관령-강릉에 이르는 길과 충주-제천-영월-정선-백복령-동해로 연결되는 길은 가장 대표적인 물길과 산길이다. 이밖에 여주-원주-횡성을 물길로 이동한 뒤 평창에서 육로로 대관령을 넘는 길이 있었고, 제천-영월-정선-태백에 이르는 길도 있었다.

남한강 유역의 재화는 남한강의 물길과 태백의 산길을 통해 태백 내륙 지역은 물론 강릉-삼척에 이르는 동해안 일대로 운송되었다. 태백 내륙과 동해안 일대의 목재와 해산물, 소금 등은 이 길을 통해 남한강을 거쳐 서울로 이송되었다.

정선 아우라지 전경
송천과 골지천이 합류하는 곳으로, 두 하천이 어우러진다고 하여 아우라지라고 불린다. 여량 8경의 하나인 이곳은 서울까지 목재를 운반하던 뗏목터로 사용되었으며, '정선아리랑'〈애정편〉의 발상지이기도 하다.

원주와 충주는 남한강 일대에 열리는 장시의 중심지였다. 원주의 읍장은 횡성의 횡성장·안흥장·둔내장·갑천장·청일장·서원장·강림장을 통해 횡성, 홍천, 평창 일대의 물화가 모두모이는 곳이었다. 이곳에 집산된 물화는 다시 섬강을 따라 가다가 남한강을 거쳐 서울로 옮겨졌다. 조선시대에 원주에 강원감영이 설치된 것은 이러한 교통로를 중시했기 때문이다. 지금도 원주-횡성-평창은 영동고속도로를 통해 하나의 문화권을 형성하고 있다.

원주, 횡성, 평창이 남한강 북부의 요지라면, 남한강 남부 일대에서는 충주일대가 중시되었다. 충주는 신라 때 죽령과 조령이 개통되어 남한강 물길이 열린 이래 남한강 유역의 정치·경제·군사의 중심지였다. 영남대로를 따라 운송된 경상도 일대의 곡식과 재화는 조령-연풍-수안보를 거쳐 충주의 달천나루·목계나루로 옮겨졌고, 여기서 뱃길을 통해 남한강을 따라 서울로 운송되었다. 특히 충주의 가흥창과 목계나루는 영남의 조곡을 옮기는 조창이 있었던 곳이어서, 일대의 주민은 떨어진 곡식을 주워 배를 채울 수 있을 정도였다.

한편 제천의 청풍나루·북진나루는 충주-단양-영월을 잇는 주요 나루였다. 이를 통해 대관령을 넘어온 강릉 일대의 물화나 삼척에서 백복령을 넘어 정선 임계장에 도착한 물화, 그리고 죽령에서 넘어온 각종 산물이 청풍나루·북진나루를 거쳐 박달재-충주를 통해 서울로 운송되었다. 때문에 조선 말기에는 두 나루를 거쳐 태백 내륙 지역으로 생활용품을 나르던 봇짐장수가 제천장, 덕산장을 중심으로 활동하였다.

특히 평창 일대를 지나는 평창강이 정선과 영월을 흐르는 임계천, 동강, 조양강 등과 서강으로 연결되어 평창, 정선, 영월은 옛부터 '산다삼색山多三色'이라고 불릴 만큼 하나의 문화권을 이루었다. 그러한 지리적 연계성 때문에 평창 평창읍장·봉평장·대화장·미탄장·진부장에서 거래되었던 물품이 정선의 정선읍장·동면장·임계장·여량장·후평장을 통해 영월의 영월읍장·주천장·덕포장에서 거래되었다. 한말 유중교,

이소응, 유인석이 일으킨 태백 의병은 제천을 중심으로 영월·정선 일대에서 크게 활약한 것은 남한강 상류의 물길과 산길을 잘 이용하였기 때문이다. 제천은 지금도 중앙선, 충북선, 태백선이 연결된 교통의 요지로 주목받고 있다.

태백 내륙의 사람과 물산은 북한강과 남한강의 지류와 본류, 백두대간의 계곡을 따라 난 고개를 통해 동해안 일대와 교류하였다. 태백의 물길과 산길은 중부지방의 동서를 연결하는 대동맥이었으며, 한반도 북부와 남부를 한데 묶는 우리나라 역사문화 발전의 근간이었다.

고려와 조선시대에 정비된 태백 산길과 물길

한반도의 중앙에 자리한 고려가 후삼국을 통일하면서 태백문화권의 산길과 물길은 비로소 역제와 수운을 통해 교통로로 활용되기 시작하였다. 고려는 신라의 도로망을 이용하면서 11세기 중반(문종대)부터 12세기 전반(인종연간) 경에 전국에 525개의 역을 두고 22역도로 묶은 역제를 편성하였다.

22개 역도 가운데 태백지역과 관련된 역도는 춘주도春州道와 평구도平丘道가 있었다. 춘주도는 춘천을 중심으로 춘천-홍천-횡성으로 연결되었고, 평구도는 개경에서 동남으로 평구역을 출발하여 양평(양근-지평)-여주-원주-영월로 이어지는 길이었다. 이 길은 개경에서 남경을 거쳐 동쪽으로 이어지는 남경(서울)-춘주(춘천) 방면, 남경-횡천(횡성)-명주(강릉) 방면 등의 역로망인데, 춘주도와 명주도의 간선로에 해당한다. 이밖에 도원도桃源道(장단-연천-적성), 삭방도朔方道(

개경-춘추-명주)가 연결되는데, 이는 개경-동주(철원)-교주(회양)-등주(안변)-화주(영흥)-정주 방면과 일치한다. 그리고 평구도는 동쪽으로 원주·제주(제천)·단산(단양)·청풍·영월·평창 등으로 이어졌다. 이 길은 산길과 물길은 중시하여 만들어졌다. 고려시대에는 북한강·남한강을 통해 대관령을 넘어 동해안으로 진출하는 길도 중요하였다. 특히 남한강 수계의 원주에서 영월·정선·임계·삽당령을 거쳐 강릉에 도달한 노선이 있었다.

고려시대에 육로가 22역도로 편성되면서 하천 주변의 나루도 활용되었다. 도渡·진津·제濟·섭涉 등의 불리는 나루 가운데 도와 진이 가장 많이 이용되었다(표 참조). 고려시대 태백의 물길은 세곡을 운반하는 주요 통로였다. 원주의 흥원창과 충주의 가흥창은 고려시대 대표적인

지명	세종실록지리지	동국여지승람	여지도서	대동여지도
정선			광탄진	
영월	가근동진	후진·밀적포	청령포	청령포
평창	연화진·용연진	연화진·용연진·남진·마지진	연화진·용연진·남진·마지진	주진·남진·마지진·사천진·진천진
단양	상진	상진·하진		상진·하진
제천		북진		
충주	덕천진	북진·진포		청룡진·하진·달천진·진포
청풍	북진	북진	황강진	
원주			주천진·안창진·사천진·이호진·묘연진	

삼국의 공방지, 태백의 물길과 산길 83

내륙 조창이었다. 흥원창과 가흥창은 조운제도의 시행과 함께 남한강이 내륙 수로로서 활용되면서 설치되었다.

성종·현종대를 거쳐 문종 때 13개 조창이 설치되면서 조운이 제도화되었다. 13개 조창은 내륙 수로나 해로의 이용이 가능한 서해·남해의 연안 및 한강 연안에 설치되었는데, 이 가운데 남한강변의 충주의 덕흥창과 원주의 흥원창만이 한강 상류에 설치된 강창江倉이었다.

그러나 14세기에 왜구의 잦은 침입으로 조창이 황폐화되었고, 그로 인해 조창은 연해안이 아닌 내륙으로 옮겨지기도 하였다. 이러한 상황에서 충주와 원주는 내륙 수로의 중심지로 중시되었다. 특히 남한강 일대에 조창이 추가 신설되었다. 금천강 서쪽에 설치하였던 덕흥창 대신 경원창慶原倉을 세우고 영남 60여 개 읍의 세곡을 받았다. 기존의 덕흥창에서는 충주와 주변 읍의 조세를 받았으며, 흥원창은 원주·영월·강릉 등 강원도 8개 읍의 조세를 받았다.

왜구의 침입에 적극 대응하면서 조선 초기 바닷길이 다시 열렸고, 내륙 조창에 대한 정비가 이루어졌다. 특히 1465년(세조 11)에는 충주 지방의 모든 창이 통합되어 가흥창으로 통합되었다. 16세기에 들어서 남한강 유역의 세곡의 집산은 가흥창과 흥원창의 2개로 압축되었다.

조선시대에도 태백의 산길과 물길은 여전히 중시되었다. 조선시대 태백의 산길을 대개 5개가 줄곧 이용되었다. 제1로는 한탄강과 북한강 상류를, 제2로는 북한강 본류와 소양강을, 제3로는 홍천강과 소양강을, 제4로는 남한강의 지류인 오대천, 송천 등을, 제5로는 섬강과 남한강 본류를 잇고 있다.

각각의 중요 교통로에는 고려시대처럼 역로가 설치되었다. 회양의

흥원창 전경
흥원창은 원주 은섬포에 있던 고려시대 13개 조창 가운데 하나이다. 섬강과 남한강이 만나는 이곳에는 원주를 비롯하여 평창·영월·정선·횡성·강릉 지역의 세미가 보관되었다가 뱃길로 한양으로 운송되었다.

신안역, 인제의 원통역, 정선의 임계역이 그것이며, 한북정맥을 경계로 철원 일대에 금화의 생창역, 낭천의 산양역, 금성의 서운역이 있었다. 또한 한강 상류와 금강 상류가 연결되는 한남정맥 주변에 원주의 주구역과 신림역 등이 있었다. 이밖에도 소양강과 홍천강을 이어주는 마노역이나 감천역이 있었다. 이들 산길은 대개 물길과 연결되었다.
 조선시대 산길과 물길은 자연스럽게 시장을 발달시키는 요인이 되었다. 강원도의 5일장 형성은 대개 18세기 이후로 추정되는데, 주로 읍치

제1로 : 서울~서수라西水羅대로

　포천 - 풍전豊田 - 생창生昌 - 직목直木 - 창도昌道 - 신안新安 - 통천通
　　　川 - 은계銀溪 - 안변安邊

제2로 : 춘천~양구로

　가평 - 안보安保 - 보안保安 - 부창富昌 - 수인遂仁 - 함춘含春 - 양구

제3로 : 홍천~인제로

　양평 - 연봉蓮峯 - 천감泉甘 - 마노馬奴 - 원통元通 - 남교嵐校 - 간성

제4로 : 원주~강릉대로

　여주驪州 - 안창安昌 - 유원由原 - 조원鳥原 - 안흥安興 - 운교雲交 - 방림
芳林

　강릉江陵 - 구산邱山 - 횡계 - 진부 - 대화大和 - 방림芳林

제5로 : 원주~정선로

　원주 - 안창 - 단산丹山 - 신림神林 - 신흥神興 - 약수藥水 - 평안平安 - 벽
탄碧呑

　강릉 - 구산 - 목계木溪 - 고단高端 - 임계臨溪 - 여량餘量 - 벽탄碧呑

●● 임원십육지 조선 순조 때 서유구가 농업정책과 자급자족 경제론을 편 농촌정책 경제서

를 중심으로 열렸다. 《임원십육지》에 따르면 태백 일대에는 낭천현과 이천부伊川府를 제외하고 읍치에 모두 1개 이상의 장시가 개설되었다.

그러나 안협현의 변산장, 금성현의 창도장, 춘천현의 천전장, 홍천현의 천감장, 원주목의 주천장·홍원장, 평창현의 노일장, 영월부의 토교리장, 강릉부의 연곡장·우계장·대화장, 삼척부의 교가장·북평장, 양양부의 물치리장, 횡성현의 방내리장, 통천군의 고의장, 간성군의 괘진장, 흡곡현의 고의장, 양구현의 중망리장 등 읍치 이외 지역에서도 장시가 개설되었다. 이들 장시에서는 면포와 마포麻布 등의 직물류와 어염의 거래가 활발하였다. 품질이 우수한 관동인삼關東人蔘의 경우 중요한 진상품으로 취급되어 장시에서 거래되지는 않았다.

물산 교역이 활발해지면서 강원도의 장시는 늘어났다. 강릉 지역의 경우 진부장과 봉평장이 신설되었다. 이는 읍치에서 강릉지역의 큰 장시인 대화장까지 거리가 150리나 되어 하루만에 왕복하기가 불가능하기 때문이었다. 그래서 중간에 이들 장시가 개설된 것이었다. 양양 지역의 경우도 읍치에서 남으로 강릉 연곡장까지 거리가 100리나 되어 중간에 상운장·동산장이 개설되었다. 이렇게 형성된 장시는 일정하게 시장권을 형성하였다.

강릉 지역의 경우 4일과 9일에 개설되는 대화장을 중심으로 진부장과 대화장으로 나가거나 북으로 연곡장(3.8)과 양양의 동산장(4.9)을 거쳐 상운장(5.10)까지 왕래할 수 있고, 강릉 읍내장(2.7)에서 연곡장(3.8)을 왕복한 후 남으로 우계장(4.9)까지 상인이 활동하였다. 태백의 장시는 선사시대 이래 이용되었던 산길·물길을 통해 교류의 장으로 역할하였다.

소양강댐 전경
춘천시 북산면에 있는 사력댐으로, 1973년 생활용수, 농업용수, 홍수조절을 위한 다목적댐으로 준공되었다. 춘천, 홍천, 양구, 인제에 걸쳐 있는 소양호는 동양에서 가장 큰 인공호수이다. 현재 소양강댐 입구에서 인제까지 60킬로미터 물길을 쾌속선이 지나고 있다.

*** 자세히 들여다보기

조동걸, 《태백의 역사》, 강원일보사, 1973
옥한석, 〈강원도의 역로와 시장분포 연구〉, 《강원문화연구》 9, 1989
최종일, 〈북한강 수운 연구〉, 《강원문화사연구》 4. 강원향토문화연구회, 1999
정요근, 〈고려전기 역제의 정비와 22역도〉, 《한국사론》 45, 2001
유종기, 〈조선후기 영동지방 장시에 관한 연구〉, 《영동문화》 8, 2001
박종기, 《지배와 자율의 공간, 고려의 지방사회》, 푸른역사, 2002
주영하·전성현·강재석, 《사라져가는 우리의 오일장을 찾아서》 1·2, 민속원, 2003
추명엽, 〈고려전기 관·진·도의 기능과 상세〉, 《국사관논총》 104, 2004

태백 불교의 변천과 그 자취

태백의 고유 신앙은 불교가 전래되면서
점차 불교 사상에 동화되어 갔다.
산이 높고 계곡이 깊어 고유 문화가 일찍부터 형성되었던
태백문화권에는 상원사·월정사·낙산사 등 이름난 고찰이 들어서면서
교종 불교 가운데 특히 화엄 사상이 크게 발전하였다.
화엄종의 전통 위에서 새로운 선종 사상이 꽃피웠고,
태백문화권은 교와 선의 일치를 추구한 불교 융합의 터전이 되었다.

태백 불교의 성지, 오대산과 상원사

불보살이 머물고 있는 오대산

신라 이래로 풍수가들은 국내의 명산 중 가장 좋은 산으로 오대산을 꼽았으며, 불법이 길이 번창할 곳이라고 하였다. 한편 임진왜란 때 조선왕조실록을 봉안할 4개의 사고 중 한 곳이 오대산에 있었는데, 이곳이 삼재三災가 들지 않는 곳이었기 때문이었다. 고려 후기의 학자 민지는 오대산을 다음과 같이 평하고 있다.

•• 삼재 인간에게 9년 주기로 돌아온다는 세가지 재난. 전쟁·전염병·기근 혹은 불의 재난火災, 바람의 재난風災, 물의 재난水災을 말한다.

백두산 줄기는 남쪽으로 내려와 수백번 굴곡을 되풀이하여 금강산과 설악산이 되었다. 또 다시 이를 굴리어 1백여 리를 달려 하늘을 찌를 듯이 높이 솟아서 한 대장부가 1백만 군사 가운데에서 호령하는 것 같으니 이가 바로 오대산 비로봉이다. 이 봉 아래 여러 봉우리가 나열해 있으니 혹은 노한 듯하고 혹은 소리치는 듯하여 그 기이한 봉우리들을 다 헤아릴 수 없다. 동쪽에 만월봉, 서쪽에 장령봉, 남쪽에 기린봉, 북쪽에 상왕봉이 있으며, 또 중앙에 비로봉이 있다. 이로써 오대산이라 이름하니, 모두 다 불보살이 상주하는 곳이다.

처음의 오대산은 단순히 문수보살이 상주하는 곳이었으나, 오방불五方佛신앙이 수용되면서 산의 다섯 봉우리 각각에 불보살이 상주하고 있다는 생각을 갖게 되었다.

동대의 만월봉에는 1만의 관음보살이 있고, 남대의 기린봉에는 8대 보살을 중심으로 1만의 지장보살이 있고, 서대의 장령봉에는 무량수불을 중심으로 1만의 대세지보살이 있고, 북대의 상왕봉에는 석가불을 중심으로 5백의 아라한이 있고, 중대의 비로봉(풍로봉·지로봉)에는 비로자나불을 중심으로 1만의 문수보살이 있다고 하였다. 그리고 각 대마다 건물을 짓고, 그 안에 청색(동)·적색(남)·백색(서)·흑색(북)·황색(중)의 색깔로 불보살을 그려 모셔놓았다.

신라인들은 이곳에서 신행결사信行結社를 통해 낮에는 불경을 독송하고 밤에는 예배·참회를 행하였다. 그리고 국왕이 장수하고 백성이 편안하며, 문무가 화평하고 백곡이 풍요하게 되기를 빌었다.

오대산신앙은 중국에서 비롯되었다. 오대산 문수신앙은 당나라 때 특히 성행했으며, 화엄종의 승려들이 중시했던 곳이다. 중국 오대산은 청량산清凉山이라고도 하며, 문수보살이 살고 있는 장소로 여겨졌다. 중국에서 가장 유명한 불교 성지였으며, 많은 신라 승려들이 이 곳을 찾아 문수보살로부터 감응을 받았던 곳이었다. 그러한 승려 중 하나가 신라 선덕여왕 때 활동했던 자장이었다.

자장은 7세기 초 당나라에 들어가 문수보살을 만나보기 위해 곧바로 오대산을 찾았다. 제석천이 만들었다고 전하는 문수보살상 앞에서 7일 동안 경건하게 기도했더니 꿈에 부처가 "일체의 법을 깨달아, 본래의 성품[自性]이 무소유無所有라는 진리를 알면 노사나불盧舍那佛을 본다"

라는 게를 주었다. 아울러 늙은 승려로 변한 문수보살이 신라 동북방에도 1만의 문수보살이 머무는 오대산이 있음을 알려주었다.

이후 중국 여러 곳을 다니며 불법을 전했던 그는 오대산이 문수보살의 성지임을 한시도 잊지 않았다. 귀국하자 그는 지금의 월정사에 띠로 집을 짓고, 문수보살을 만나보고자 하였다. 그러나 여러 날 음산한 날씨가 계속되어 뜻을 이루지 못했다.

오대산신앙은 화엄종과 연관하여 성립되었으며, 자장의 문수신앙과도 연결되었다. 부처가 자장에게 현몽하여 주었던 게송偈頌 가운데 '노사나불'은 화엄종에서 중요하게 다루어왔던 비로자나불의 또 다른 이름이었다. 아울러 오대산 신앙에는 의상계 화엄사상의 전통이 흡수되었다. 뒤에서 언급하였지만 월정사와 관련된 신효·신의·유연 등은 모두 의상계 화엄종에 속했던 인물이었다. 그리고 오대산 동대에 모셔진 관음보살은 의상계 화엄종이 강조한 관음신앙과 연결되고 있다. 이렇듯 오대의 신행결사는 한번에 이루어진 것이 아니라 시대를 달리하다가 고려 태조 왕건에 의해서 온전한 모습을 갖추게 되었다.

●● 게송 부처의 가르침이나 공덕을 읊어놓은 시

귀여운 스승, 문수 동자와 상원사

오대산의 중대에 있는 상원사의 본래 이름은 진여원眞如院이었다. 진여원의 창건과 관련된 사람은 보천寶川·효명孝明 신라의 두 왕자였다. 보천은 중대 남쪽 진여원 터 아래에 푸른 연꽃이 핀 것을 보고 그곳에 암자를 짓고 살았으며, 아우 효명은 북대 남쪽 산 끝에 푸른 연꽃이 핀 것을 보고 암자를 짓고 살았다.

그들은 오대에 나아가 오만의 진신에게 항상 공경스레 예배를 드렸고, 날마다 차를 달여 1만의 문수보살에게 공양하였다. 마침 왕이 죽자, 나라사람들이 보천에게 왕위에 오를 것을 청하였으나 그가 거절하자 효명을 받들어 왕으로 모셨다. 효명이 나라를 다스린 지 여러 해가 지난 705년(성덕왕 4)에 보천이 수행하던 암자를 고쳐 진여원으로 만들었다.

이후 상원사는 고려 말 나옹의 제자 영로암英露庵이 판서 최백청崔伯淸과 그의 부인 김씨의 도움을 받아 중창할 때까지 오랫동안 황폐해 있었다. 조선시대에는 억불정책 속에 전국의 사찰이 황폐되었지만, 오히려 이 절은 더욱 발전하였다. 태종은 1401년(태종 1) 상원사의 사자암을 중건하도록 하였고, 낙성식에 참여해, "먼저 떠난 이의 명복을 빌고, 후세에까지 그 이로움이 미치게 하여 모든 이가 부처의 은혜를 입고, 유명幽明이 함께 의지하고자 한다"고 하였다.

또한 상원사는 세조가 문수동자를 만나 괴질을 고치고, 고양이에 의해 자객의 습격을 피하는 등의 일화가 서려 있는 세조의 원찰이었다. 세조는 자신과 인연이 많은 상원사의 중창에 많은 도움을 주었다. 신미信眉와 학열學悅로 하여금 그 일을 담당하도록 하였다. 한편 1951년 오대산 공비토벌작전으로 불에 탈 위기에서 온몸으로 상원사를 지켜냈던 방한암方漢巖(1876~1951) 스님의 일화도 전해진다.

상원사의 선원을 청량선원이라고 하는 것도 오대산을 청량산이라고도 했던 사실에 연유한다. 선원 안에는 석가여래좌상과 문수보살상, 목각문수동자상, 3구의 소형 동자상, 서대에서 이곳으로 옮겨온 나무로 만든 대세지보살상이 함께 봉안되어 있다. 상원사 영산전에 현재 39함의 대장경이 보관되어 있다. 세조는 고려대장경을 다섯 질 인쇄하여, 삼보사찰(통도사·해인사·송광사)과 설악산 오세암, 상원사에 봉안하였다.

상원사에는 신라 때 만들어진 2개의 범종 가운데 하나가 보관되어 있다. 신라 성덕왕 때 만들어졌다는 명문이 있는 우리나라에서 가장 오래된 범종이다. 또 하나는 경주박물관에 보관된 봉덕사종이다. 원래 이곳에서 만들어진 것은 아니고, 세조가 상원사에 봉안할 범종을 전국에서 구하려다가 안동 문루에 걸려 있던 것을 이곳으로 옮겨온 것이다. 현재 범종의 유두가 8개뿐인데, 원래 9개였던 것이 안동에서 이곳으로 옮길 때 죽령에서 종이 움직이지 않자 하나를 떼어내 안동으로 보내니 종이 움직였다는 설화가 전해진다.

보살주처신앙의 산실, 태백문화권

태백문화권은 보살이 상주하며 설법하고 있다는 보살주처신앙의 근원지가 되었다. 오대산 문수신앙, 낙산 관음신앙, 금강산 법기신앙은 보살주처신앙의 대표적인 신앙 사례들이다.

신라에는 5악·3산에 관한 고유한 산신 신앙이 있었

상원사 동종
국보 제36호인 범종으로 725년(성덕왕 24)에 만들어졌다. 성덕대왕신종과 함께 현재 남아 있는 대표적인 신라 범종이다. 조각 수법이 뛰어나며 위 아래가 안으로 좁혀지는 한국종의 고유한 특징을 보이고 있다.

다. 그러나 불교의 수용 이후 토착신앙과 서로 대립하였으나 점차 융화되어갔다. 그 과정에서 신라인들에게 불국토사상이 형성되었다.

불국토사상이란 자신들이 살고 있는 땅이 결코 불교와 인연 없는 낯선 땅이 아니라 부처의 인연이 어느 나라보다도 깊은 나라라고 하는 생각을 말한다. 산천에 관한 고유의 토착신앙이 불국토사상과 만나면서 불교적으로 변화되었다. 불국토신앙의 여러 사례들 가운데 하나가 보살주처신앙이다.

《화엄경》에 근거한 보살주처신앙은 《화엄경》에 근거하고 있지만 우리나라의 보살주처신앙은 《화엄경》의 내용과 거의 일치하지 않는다. 보살주처신앙의 대표적 사례인 오대산 문수신앙도 그 위치에서 어긋날 뿐만 아니라, 본래 오대산은 문수보살의 상주처였지만, 신라는 문수는 물론이고 사방에 여러 불보살의 상주처로 설정하고 있다. 《화엄경》을 보면, 오대산이 동북방에 있다고 하였다. 그러나 신라의 오대산은 경주에서 볼 때, 약간 북서쪽에 위치하고 있다.

관음보살의 상주처인 낙산 또한 《화엄경》에는 남쪽 바다의 섬에 있다고 하였으나, 신라의

•• 5악 토함산·지리산·계룡산·
태백산·팔공산
3산 내림산·혈례산·골화산

상원사 고양이 석상
청량선원 계단 입구에 있는 석상으로, 상원사에 자주 행차하였던 세조가 자객으로부터 자신의 목숨을 지켜준 고양이를 위해 만들었다고 전한다.

관음보살은 남쪽 섬이 아닌 북쪽 해안가에 있다. 법기보살이 머문다는 금강산은 《화엄경》에 동북방의 섬에 있으나, 신라인들은 섬이 아닌 내륙으로 설정하였다.

태백문화권이 보살주처신앙의 근원지가 된 이유는 이곳이 처녀림과 같은 곳으로 때가 묻지 않은 곳이었기 때문이었다. 또한 신라 중대에 불교의 대중화가 확대되면서 지방에서도 불교가 성행하고 있었던 배경에서 찾을 수 있다. 불교의 대중화는 귀족이 아닌 일반 서민을 중심으로 진행되었다. 그같은 사실은 유동보살이라고 불렸던 신효가 가지고 있던 학의 깃털 설화를 통해 충분히 설명되고 있다. 신효가 학의 깃털을 눈에 대고 사람을 보았을 때 짐승으로 보이더니, 강릉 지역에서만 사람으로 보였다는 것이다. 진표에게 있어서는 물고기와 자라로 표현될 정도로 이곳 사람들은 자연 그대로의 삶을 살고 있었다.

*** 자세히 들여다 보기

박노준,〈오대산신앙의 기원연구〉,《영동문화》2, 관동대 영동문화연구소, 1986

김두진,〈신라 하대의 오대산신앙과 화엄결사〉,《한국불교문화사상사》, 가산이지관스님화갑기념논총, 1992

신동하,〈신라 오대산신앙의 구조〉,《인문과학연구》3, 동덕여자대학교 인문과학연구소, 1997

상원사 목조문수동자좌상
1466년(세조 12)에 만들어진 목불木佛로 국내 유일의 동자상이다. 국보 제221호로 지정된 좌상은 조각 수법이 우수한 조선 초기의 대표적인 보살상이다.

문수보살을 찾아 다닌 자장

네 명의 성인이 머물렀다는 월정사

월정사는 자장·신효·신의·유연 등 네 명의 성인이 머물렀던 곳이다. 아울러 문수보살·관음보살이나 5마리 학鶴으로 변했던 5인의 성인과 관련을 갖고 있는 사찰이다.

자장은 문수보살을 보기 위해 경주에서 이곳 오대산으로 들어왔다. 이곳에 띠로 집을 지어 수도·정진하였다. 그러나 그는 문수보살을 보지 못하고 이곳을 떠났다. 이후 이곳에 머문 사람은 신효거사이다. 신효는 유동보살幼童菩薩이라고도 불렸는데, 유동보살은 전생의 석가모니 이름이었다. 신효는 석가모니 전생의 이름으로 불릴 정도로 많은 사람들로부터 신망을 얻고 있었다.

효심이 지극했던 그는 어머니를 봉양하기 위해 사냥을 나갔다가 살생에 회의를 느끼고, 자신의 넓적다리 살을 베어 어머니를 봉양했다. 이때의 일화로서 다음과 같은 이야기가 전한다.

●● 유동보살 석가모니가 전생에 유동보살로서 보살계를 닦고 있을 때, 연등불에게 7송이의 연꽃을 공양하였고, 연등불로부터 '너는 미래세에 석가모니불이라는 부처가 될 것'이라는 예언을 들었다고 한다. 혹은 연등불에게 공양할 물건을 준비하지 못해 진흙길에 엎드려 몸을 밟고 지나가게 했다고 한다.

고기를 좋아했던 어머니를 위해 사냥을 나갔다가 학 다섯 마리를 보고 쏘았더니, 학 한 마리가 깃을 떨어뜨리고 날아가버렸다. 그는 그

1920년대 월정사

깃을 눈에 대고 사람을 보자 사람이 모두 짐승으로 보였다. 그래서 고기를 얻지 못하고 자기의 넓적다리 살을 베어서 어머니에게 드렸다. 후에 그는 출가하여 여러 지방을 돌아다니다가 강릉에 이르러 깃을 눈에 대고 사람을 보았더니 사람들이 모두 인간의 형상이었다. 길에서 관음보살의 화신인 한 부인으로부터 자장이 처음 띳집을 지은 곳에 머물면 좋다는 말을 듣고, 이곳에 들어와 살았다.

신효가 학의 깃털을 통해 세상을 보자 사람들이 짐승으로 보이더니, 강릉에서만은 사람으로 제대로 보였다고 한다. 아마 이곳이 불법을 전

지금의 월정사
평창군 진부면 동산리에 있는 절로, 대한불교조계종 제4교구 본사이다. 현재의 절터는 자장이 문수보살이 살고 있는 오대산에 들어와 초가를 짓고 머문 곳이다.

하기 좋은 곳이었고, 이곳 사람들이 속세에 얽매이지 않은 품성을 갖고 있었기 때문에 그렇게 보였을 것이다.

월정사는 신효 이후 번창하지 못했던 것 같다. 9세기 경 범일의 제자인 신의信義가 다시 암자를 짓고 살았다는 사실에서 알 수 있다. 신의가 죽은 후에도 오랫동안 황폐해 있다가 수다사의 장로 유연有緣이 암자를 다시 짓고 살았다고 한다. 강릉에 있었다는 수다사는 자장이 한때 문수보살을 보기 위해 잠시 머물렀던 곳이었다.

문수보살을 몰라본 자장과 정암사

정암사는 우리나라 5대 적멸보궁의 하나이다. 적멸보궁이란 석가모니의 사리를 모신 사찰을 말한다. 이곳은 문수보살과 관련을 갖고 세워졌다. 정암사의 처음 이름은 석남원石南院이었다.

월정사의 터를 처음 닦았던 자장은 이곳에서 문수보살을 보지 못하고, 말년에 다시 강릉의 수다사水多寺로 거처를 옮겼다. 꿈에 승려가 나타나 '대송정大松汀'에서 보자고 하였다. 다음날 아침, 대송정에 가니 문수보살이 나타나 '태백산 갈반지葛磻地'에서 만나자고 하고는 사라졌다. 자장은 칡넝쿨이 우거진 곳을 찾다가, 큰 구렁이가 똬리를 틀고 있는 것을 보고 그 자리에 석남원을 짓고, 문수보살을 기다렸다. 하루는 허름한 옷을 입은 한 노인이 삼태기에 죽은 개를 담고 와 그를 찾았다. 자장은 미친 노인이라고 생각하였다. 시종 스님이 노인을 내쫓자, 노인은 문수보살로 변하더니 삼태기에서 개를 땅에 쏟았다. 죽은 개는 사자로 변하였다. 문수보살은 그 사자를 타고, '아상我相이 있는 자가

정암사 수마노탑
고려시대 만들어진 대표적인 모전석탑으로, 화강암 기단 위에 회녹색 석회암을 쌓아 만들었다. 보물 제410호인 이 탑을 1972년 해체·복원할 때, 탑을 세운 이유를 적은 탑지석과 금은동으로 만든 사리구가 발견되었다.

정암사 적멸보궁
정선군 고한읍 고한리 정암사에 있는 건물로, 양산 통도사, 영월 법흥사, 평창 상원사, 설악산 봉정암과 함께 석가모니의 진신사리를 모신 대표적인 곳이다.

어찌 나를 보리오' 라고 말하며 날아가 버렸다. 이 말을 전해 들은 자장은 급히 뛰어나와 문수보살을 찾았으나 이미 종적을 감추어 찾을 수 없었다.

'아상'이란 자기 자신에 대한 집착을 말한다. 사람의 겉모습을 보고 판단하는 어리석음은 바로 자신에 대한 집착에서 나오는 것이다. 문수보살은 '아我'에 대한 집착이 남아있는 자장을 꾸짖는다.

'나'라는 존재는 땅, 물, 불과 바람으로 이루어 진 것이고, 결국에는

신복사지 석불좌상(왼쪽)

강원도 강릉시 내곡동에 있는 고려 초기의 석불좌상이다. 보물 제86호인 석불좌상은 삼층석탑을 향해 공양하는 보살상의 모습인데, 왼쪽 다리를 세우고 오른쪽 다리를 꿇어 앉은 자세나 두 손을 가슴에 모아 무엇인가를 잡고 있는 모습은 월정사 석조보살좌상과 비슷하다.

월정사 석조보살좌상(가운데)

팔각구층석탑을 마주보고 앉아 있는 높이 1.8미터의 석조보살좌상으로 보물 제139호이다. 머리에는 높은 관을 쓰고 있고, 얼굴과 신체 표현은 매우 섬세하다. 강릉 신복사지 석불좌상, 한송사 석조보살좌상과 함께 우리나라의 대표적인 석조보살좌상으로 평가되고 있다.

한송사 석조보살좌상(오른쪽)

고려 초에 만들어진 보살좌상은 원래 강릉시 한송사터에 있었으나 1912년 일본으로 옮겨졌다가 1965년에 반환되어 현재 국보 제124호이다. 대리석으로 만든 보살좌상은 머리 부분을 붙인 흔적과 백호 주변의 손상을 제외하고는 거의 완전한 형태를 갖추고 있으며, 온화한 기품이나 세련된 조각수법으로 월정사 석조보살좌상이나 신복사지 석불좌상보다 우수하다.

그 곳으로 돌아간다는 것이다. 그리고 이 세상에는 내가 소유할 수 있는 것이 하나도 없기 때문에 삶이 괴롭다는 것이다. 자장이 당나라에 있을 때 부처로부터 받은 게송에 '자성은 무소유'라는 내용과 정반대의 모습이 '아상'이다.

정암사의 창건 설화의 배경에는 당시 보살주처신앙의 성행과 함께 귀족불교적인 성향에 반발했던 서민불교의 모습이 반영된 것이었다. 당시 서민불교를 지향했던 불교 세력은 의상계의 화엄종이었다. 태백문화권 내의 불교 또한 귀족적 성향보다는 대중적인 서민불교가 서서히 자리잡기 시작하였다.

의상계 화엄종의 성행

태백문화권의 불교를 말할 때 빼놓을 수 없는 인물이 자장이다. 오대산 적멸보궁·월정사, 강릉의 수다사, 태백산의 정암사 등은 모두 그와 관련있는 사찰이다. 또한 이 지역에서 주목해야할 인물이 의상이다. 낙산사를 세운 사람이 바로 의상이었고, 그의 제자들은 이 지역을 중심으로 활발하게 활동하면서 의상계 화엄종이 확고하게 자리를 잡았던 곳이었다.

당나라 유학 시절 오대산에 들어가 문수보살을 만나 가르침을 받기도 했던 자장이 귀국 후 문수보살로부터 버림을 받고 있는 이야기는 매우 흥미를 끄는 내용이다. 중국의 문수보살과 신라의 문수보살이 서로 다르지는 않았을 것이다. 그가 '아상'이 있다고 문수보살로부터 버림을 받았다는 사실은 그대로 인정하기 어렵다. 또한 이와 같이 이해하기 어려운 설화로서 우리나라 최고의 승려였던 원효가 낙산의 관음보살을 만나보지 못했다는 이야기도 다분히 후대에 윤색되어진 듯한 느낌을 갖게 한다.

　신라에서 화엄사상을 폈던 승려는 우리나라 화엄의 시조인 의상 외에 자장과 원효가 있었다. 자장은 계율 뿐만 아니라 화엄사상에도 깊은 이해를 가지고 있었다. 당나라 오대산에서 문수보살로부터 감응을 받고 화엄의 진리를 깨달았으며, 귀국 후 《화엄경》을 강설했을 때, 신령스러운 감응이 있었다. 원효 또한 〈화엄경종요〉·〈화엄경소〉 등의 화엄관계 저술을 남기기도 하였으며, 파계 후 중생 제도의 한 방편으로 불렀던 '무애가無碍歌'의 가사는 바로 《화엄경》에 나오는 구절이었다. 그러나 자장과 원효의 화엄사상은 의상의 그것처럼 폭넓게 퍼지지 못하였다.

　우리나라의 화엄사상은 거의 의상에 의해 이루어졌고, 그의 제자들에 의해 완성되었다고 해도 과언이 아니다. 특히 강원도 지역은 의상계의 화엄종이 매우 큰 세력을 유지하고 있었던 곳이었다. 결국 이들 의상계의 제자들에 의해 자장과 원효에 대한 왜곡된 설화가 만들어졌을 것이다.

　자장은 '계를 지키고 하루를 살지언정, 계를 깨뜨리고 백년을 살기를 원하지 않는다'고 할 정도로 매우 규범적이고 엄격한 윤리적 성격의 소유자였다. 그는 우리나라 최초의 대국통이 되어 불교 교단의 조직과 정화에 큰 역할을 하였다. 매년 봄·가을 두 차례에 걸쳐 전국의 비구와 비구니에게 불경 시험을 보도록 하는 한편, 한 달에 두 번씩 계戒를 설하게 하였다. 또한 관리를 전국에 파견하여 지방의 사찰·승려들의 과실을 살피며 불경·불상을 정중히 모시도록 하는 등 교단의 기강을 바

●● 무애가　모든 것에 걸림이 없는 사람은 한 번에 생사를 벗어난다는 내용

로잡았다. 그는 훗날 원효·대안·혜숙·혜공 등과 같이 중생들과 삶을 같이한 인물은 아니었음에 틀림없다.

월정사에서 정암사로 옮긴 자장이 오히려 문수보살에게 외면당하였다. 정암사를 중심으로 자장계 화엄종은 아마도 의상계 화엄종에게 밀려난 것으로 생각된다. 그러나 불교 교단의 기강을 바로잡고 국민 교화를 통해 삼국 통일의 구심점을 확립해 갔던 자장의 노력은 높이 평가해야 할 것이다.

*** 자세히 들여다 보기

한국불교연구원 편, 《월정사》, 일지사, 1978

김두진, 〈자장의 문수신앙과 계율〉, 《한국학논총》 12, 국민대 한국학연구소, 1990

채상식, 〈자장의 교단정비와 승관제〉, 《불교문화연구》 4, 영취불교문화연구원, 1995

이용관, 〈선덕여왕대 자장의 정치적 활동〉, 《영동문화》 6, 관동대 영동문화연구소, 1995

박명자, 《청산에 묻힌 보궁을 찾아》, 중명, 1999

3대 관음성지, 낙산사 관음굴과 의상

바다의 구세주, 해수 관음의 낙산사

낙산사는 의상이 세운 사찰로, 서해의 강화도 낙가산 보문사와 남해의 보리암과 함께 우리나라의 대표적인 관음 도량이다. 낙산사의 창건에 대해서는 《삼국유사》와 《동국여지승람》에 거의 비슷한 내용이 전하고 있다.

670년 의상은 당나라에서 화엄사상을 공부하고 돌아와, 관음보살의 진신이 동해의 굴 안에 산다는 말을 듣고, 보살을 찾았다. 그는 몸과 마음을 깨끗이 하고 음식과 언행을 삼가며, 관음보살을 만나기를 기원하였다. 관음보살이 좀처럼 모습을 드러내지 않자, 7일째 되는 날 새벽, 의상은 바다에 몸을 던졌다. 그때 용과 천인天人 등 관음보살을 호위하던 무리들이 굴속으로 그를 인도했다. 그는 공중을 향하여 예를 올렸다. 보살의 모습은 보이지 않고, 수정 염주 한 꾸러미가 공중에서 내려왔다. 또 동해 용이 여의보주如意寶珠 한 알을 바쳤다. 그는 다시 7일 동안 전과 같이 수행하니 관음보살이 모습을 나타냈다. 관음보살은 그에게 한 쌍의 대나무가 솟아나는 곳에 금당을 짓도록 하였다. 굴에서 나온 그는 산꼭대기에 대나무가 솟아있는 것을 보고, 그곳에 금당을 지었다. 그는 관

낙산사 홍련암
양양군 강현면 전진리 낙산사 경내 바닷가 절벽 위에 있는 건물로, 676년(문무왕 16) 의상이 세웠고, 1869년(고종 6)에 중건하였다. 붉은 연꽃 위에 관음보살이 나타났다고 하여 홍련암이라 하였다.

음상을 만들어 두 구슬과 함께 그곳에 모셔두고 떠나갔다.

낙산사라는 이름은 보타락가산補陁 洛迦山·光明山에서 따온 것이다. 《화엄경》의 보살주처품에 관음보살이 사는 곳이 나와 있다. 인도의 남쪽 바다에 섬이 하나 있는데, 섬에 보타락가산이 있다. 바로 이 산이 관음보살이 사는 곳이며, 용과 천인天人 등과 함께 중생을 제도한다고 한다. 강화도 보문사가 있는 낙가산도 보타락가산에서 연유한 것이다.

낙산사 홍련암 아래에 있는 관음굴에 관음보살이 머물며, 중생을 제

•• 보타락가산 산스크리트어의 포탈라카를 음역한 것, 광명산은 그것의 의역이다.

도하고 있다. 관음보살은 고통받고 어려움에 처한 중생들을 도와주고, 죽은 이를 서방 극락세계로 인도해 주는 보살이다. 눈먼 장님에게 빛을 보게 해주고, 자식이 없는 사람에게는 자식을 낳게 해주며, 풍랑으로 배가 난파되어 죽기 직전의 어부를 구해주기도 한다.

 자장의 출생 또한 관음보살과 관계가 깊다. 그의 부모가 오랫동안 자식이 없자 천수관음을 조성하여 자식 낳기를 빌었고, 이를 계기로 자장을 낳았다고 한다. 특히 낙산사의 관음보살은 헛된 사랑을 쫓았던 조신調信의 어리석음을 일깨워 주기도 하였다. 조선 태조 이성계 할아버지인 도조度祖의 출생도 낙산사의 관음보살과 관련이 있다. 그의 부모가 낙산사 관음굴에서 기도하여, 이성계의 할아버지를 낳았다. 이러한 이유로 낙산사는 조선 왕실에서 매우 중요하게 여기는 사찰이 되었다. 태조와 정종은 여러 차례 이곳을 찾아 관음보살을 참배하였다. 세조 또한 이곳을 찾아 관음보살상에 예배했는데, 그때 사리에서 오색빛이 밝게 비추는 것을 보고, 크게 기원하면서, 학열스님에게 절을 중창하도록 하고 많은 경제적 지원을 아끼지 않았다.

 낙산사의 처음은 건물 1채의 초라한 모습이었으나 이후 여러 건물이 들어서면서 지금의 모습을 갖추게 되었다. 그러나 2005년 4월 양양 산불로 인해 원통보전과 종각 내의 동종(보물 제479호) 등은 모두 소실되었다. 원통보전 안에는 관세음보살상과 후불탱화로 아미타극락 세계를 그린 그림이 걸려있었다. 화재가 났을 때, 보살상은 안전한 곳으로 옮겨 다행히 재화를 면했다.

 낙산사에는 낙산사 만의 보물이 4개가 있었다. 수정 염주와 여의보주, 의상이 흙으로 만들었다는 관음보살상, 그리고 9세기 중엽에 사굴산문의 시조인 범일이 가지고 온 정취보살상 등이었다. 낙산사는 지금까지 10여 차례의 화재를 당했다. 10세기 중엽, 들불이 번져 사찰 대부분이 불에 탔으나 관음보살상과 정취보살상을 봉안한 불전은 화재의 피해를 입지 않았다. 13세기 초 몽골군의 침입으로 또 한번 크게 피해를 입었지만, 여의보주와 수정염주는 화를 면하였다고 한다.

파랑새로 변한 관음보살

관음보살은 어머니의 모습으로 고통받는 중생을 위해 슬퍼하며, 눈물을 흘리기 때문에 대비보살大悲菩薩이라고도 한다. 그래서 우리에게 가장 친숙한 보살이다. 32가지의 여러 모습으로 나타나 현실 속에서 고통받는 중생을 구해주기도 하였다. 관음보살은 벼를 베는 여인으로, 빨래하는 여인으로, 혹은 파랑새로 모습을 나타냈다.

의상이 동해의 관음굴에서 관음보살을 보았다는 소문을 듣고, 원효가 그에게 뒤질세라 관음보살을 보기 위해 낙산사로 향하였다. 흰옷을 입은 한 여인이 벼를 베고 있었다. 원효가 장난삼아 그 벼를 달라고 하니, 여인도 벼가 익지 않았다고 장난삼아 대답했다. 원효가 다시 다리 밑에 이르렀을 때, 한 여인이 개짐을 빨고 있었다. 그가 먹을 물을 청하니 여인은 빨래하던 더러운 물을 떠서 주었다. 원효는 그 물을 쏟아버리고 다시 물을 떠서 마셨다. 이때 소나무에 앉아있던 파랑새 한 마리가 그에게 가지 말라고 하고는 날아가 버렸다. 소나무 아래에 신발 한 짝이 벗겨져 있었다. 원효가 절에 이르러 관음보살상을 참례하였다. 그런데 관음보살상의 자리 밑에 전에 보던 신발 한 짝이 있었다. 이에 원

낙산사 의상대
낙산사 경내에 있는 정자로, 1925년에 지었다. 원래 이곳은 의상이 좌선했던 곳으로 옛부터 '의상대'라 불렀다고 전한다.

효는 앞서 만났던 여인이 곧 관음보살의 화신임을 깨달았다. 원효가 관음굴에 들어가서 관음보살의 진신을 보려고 하였으나, 파도가 크게 일어나 들어가지 못하고 떠났다.

파랑새가 앉았던 소나무는 관음송觀音松이라고 불렀는데, 12세기 후반 임춘이 이를 보고 읊은 시가 전한다. 그리고 원효가 얻어 마시고자 했던 물을 냉천冷泉이라고 했는데, 오봉산 아래에 있었다고 한다. 또한 관음굴 앞에서 지성으로 예배를 드리면 파랑새가 나타난다고 하였다.

12세기 말 고려 명종 때 유자량이 관음굴 앞에 와서 향을 피우고 예배하였더니, 파랑새가 꽃을 물고 날아 와서 머리 위에 떨어뜨렸다는 일화가 전한다.

원효는 관음보살의 진신을 보지 못했다. 논에서 벼를 베고 있던 여인도, 다리밑 우물가에서 빨래를 하던 여인도, 소나무 위의 파랑새도 모두 관음보살의 화신이었다. 그러나 원효는 처음부터 눈치채지 못했다. 벼가 익지 않았다는 것은 '당신은 설익은 사람, 보살을 보기에는 부족한 사람'이라는 뜻이 포함되어 있는지 모른다. 여인이 준 물을 버리고 깨끗하다고 생각한 물을 떠마신 것은 무언가 선입견을 가지고 있음을 뜻하는 것이다. 그것을 본 파랑새는 원효를 비웃는다.

원효는 세 차례나 관음보살의 화신을 만나고도 그들을 알아보지 못했다. 원효와 같은 위대한 승려가 앞서 살핀 자장의 경우처럼 집착이나 선입견을 가진 하찮은 승려로 전락해버린 이유는 무엇인가. 이러한 이야기는 원효를 음해하려는 집단에 의해 만들어졌는지도 모른다. 또는 익음과 덜익음, 깨끗하고 더러움이 둘이 아니라는 진리를 몸짓으로 보여주고자 했던 것인지도 모른다. 사실 원효는 그러한 삶을 살았던 사람이었다.

백화도량을 꿈꾼 의상

관음신앙을 저변으로 확산시킨 인물은 의상이다. 그로부터 낙산 관음굴에 관음보살이 상주하고 있다는 사실이 퍼져나가게 되었다. 그런데 재미있는 사실은 분명히 《화엄경》에는 관음보살이 머물고 있는 보

낙산사 원통보전
낙산사의 중심 건물로, 의상이 관음굴에서 관음보살을 직접 만난 뒤 흙으로 만든 관음상을 이곳에 봉안하였고, 뒤에 범일이 정취보살상을 봉안하였다. 전각에는 보물 제1362호로 지정된 건칠관음보살좌상이 안치되었으나 2005년 봄 화재로 건물은 소실되었고 보살상은 옮겨졌다.

타락가산이 남쪽 바다에 있다고 했는데, 의상은 당시 신라의 수도인 경주를 중심으로 북쪽 바닷가를 설정하고 있다는 것이다. 신라 남쪽 바다에는 많은 섬들이 있었고, 실제로 우리나라 3대 관음도량의 하나인 보리암은 남해 섬에 있다.

그러나 의상은 《화엄경》의 내용과 정반대의 곳에 관음보살의 상주처를 설정하였다. 이것은 그의 독특한 사상 경향과 관련이 있다. 그는 부

낙산사 담장

낙산사 중심 법당인 원통보전의 사방을 에워싸고 있는 담장이다. 조선 세조 때 낙산사를 중건하면서 쌓은 것으로 최근에 보수하였다. 안쪽의 담벽은 기와로, 바깥쪽은 막돌로 쌓아 차이를 두었으며, 일정 간격으로 둥근 화강석을 배치하여 단조로운 벽면을 아름답게 장식하였다.

석사를 세울 때, 고구려와 백제의 영향이 미치지 않는 곳을 찾다가 이곳을 택하였다. 낙산사의 창건도 이와 같은 이유였다. 신라에서 중시했던 5악·3산의 울타리를 벗어나 순수하게 자신의 사상과 신앙을 펼 수 있는 곳이 명주 지역이었다. 훗날 신효가 학의 깃털로 사람을 볼 때, 이 지역만이 유일하게 짐승이 아닌 사람으로 보였다는 이야기도 그 사실을 반증하고 있다.

의상은 낙산사에 관음보살을 혼자 모셔놓았고, 부석사에는 무량수불 한 분만을 모셨다. 관음보살은 원통보전에 모셔져 있고, 무량수불은 무량수전에 모셔져 있다. 원래 무량수불 옆에는 관음보살과 대세지보살이 앉아있다. 대세지보살은 무량수불의 지혜를, 관음보살은 무량수불의 자비를 각각 맡고 있다. 관음보살은 무량수불을 도와 중생들로 하여금 서방 극락에 왕생할 수 있도록 도움을 주는 보살이다.

의상은 화엄사상가였다. 화엄사상은 법계연기를 근간으로 하여, 그물의 한 올을 잡아당기면 모든 그물이 따라오고, 한 올을 풀면 모든 그물이 풀리는 것처럼 우리 모두도 그와 같이 연결되어 있다는 것이다. '일즉다다즉일一卽多多卽一', 하나라는 것에는 이 세상 삼라만상이 다 들어가 있고, 삼라만상은 곧 하나라는 것이 화엄사상의 근간이다. '하나一' 속에 '모두多'를 담을 수 있으므로 강한 통합성을 지니고 있다. 내가 곧 우주요, 우주가 곧 나라는 것이다. 결국 나와 너의 차별을 근본적으로 인정하지 않는 평등사상이다.

그러나 의상은 심오한 화엄사상을 일반 백성들에게 설하지 않았다. 그리고 비로자나불을 내세우지 않았다. 다만 이

낙산사 칠층석탑
1467년(세조 13)에 만들어진 석탑으로 원래 3층이었다고 한다. 보물 제499호로 지정된 이 탑의 상륜부에는 라마탑을 닮은 장식이 남아 있어 고려시대 석탑 양식을 보존한 조선 초기 대표적인 석탑으로 평가되고 있다.

낙산사 해수관음상
3대 관음 성지인 낙산사를 상징하는 관음상으로, 1977년에 만들어졌다. 해안가에 자리한 관음상 아래에는 기도처인 관음전이 있다.

들이 쉽게 불교를 이해할 수 있는 실천행을 설법하였다. 그래서 일반 서민들에게 익숙했던 관음보살과 무량수불을 신앙대상으로 설정하였다.

화엄사상에서 관음신앙은 실천 수행을 내세우는 것이다. 의상의 관음신앙은 정토신앙을 담고 있다. 당시 정토신앙은 하급 관리나 서민 중심으로 받아들여지고 있었다. 특히 일반 서민들은 살아있는 몸으로 정토에 왕생하려는 모습이 강했다. 의상의 관음신앙 또한 살아서 백화도량白花道場에 왕생하려는 것이었다. 의상의 관음신앙은 서민 대중을 위한 것이었다.

태백문화권 불교의 근간은 의상계 화엄종이었고, 그 중심 사찰은 낙산사였다. 오대산 문수신앙은 자장의 영향을 받기도 했지만 그것의 완성에는 의상계 화엄종이 중심이 되었다. 의상의 관음신앙은 낙산사를 중심으로 신라 하대까지 영향을 미쳤고, 9산선문 가운데 하나인 사굴산문도 의상의 화엄사상을 흡수하면서 선종사상을 성립시켜 나갔다.

*** 자세히 들여다 보기
김영태, 〈신라의 관음사상〉, 《불교학보》 13, 동국대 불교문화연구소, 1976
정병조, 〈의상의 관음신앙〉, 《동국사상》 10·11, 1979
김두진, 〈의상의 관음신앙과 정토〉, 《진단학보》 71·72, 1991
사찰문화연구원 편, 《낙산사》, 1998

법기보살의 성지, 금강산의 사찰들

법기도량 표훈사·정양사

오대산 등 다른 보살주처지보다 중국인들에게 유명했던 곳은 법기보살法起菩薩, 혹은 담무갈보살曇無竭菩薩이 살고 있는 금강산이었다. 금강산은 법기보살이 설법했던 곳인 중향성의 이름을 따서 중향산이라고도 한다. 이곳을 인간 정토라고 불러왔다.

고려시대에는 중국 사신이 향과 비단을 가져와 법기보살을 참배하였고, 전국의 백성들이 천리 길을 멀다 하지 않고 소·말에게 싣고, 등으로 지고 머리에 이고 와서 부처님과 스님에게 공양하는 자들의 발꿈치가 서로 닿았다고 한다. 조선시대에도 명나라 사신이 반드시 둘러보는 곳이기도 하였다. 서울에서 이곳까지 가기 위해서는 많은 비용이 들었기 때문에 정부에서는 그들의 관심을 다른 곳으로 돌리려고 할 정도였다.

《화엄경》에는 바다 한 가운데 있는 금강산金剛山에 법기보살이 거처하며 1,200여 명의 권속을 거느리고 설법을 한다고 하였다. 금강산의 일만이천봉은 아마 법기보살이 거느리고 있는 각각의 무리를 지칭하는 것일 것이다.

금강산의 법기봉法起峯은 바로 법기보살이 머무는 곳이다. 법을 일으

금강산 전경
정수영 鄭遂榮(1743~1831), 32.7×62.0cm —— 국립중앙박물관

키는 보살이므로 법기보살이라고 하였다. 금강산에서 사는 스님은 수행을 하지 않아도 득도할 수 있을 정도로 이 보살의 영향이 크다고 하였다.

   법기보살은 반야의 법을 설하여 중생들로 하여금 깨달음을 얻도록 한다. 금강산 법기봉 밑에는 합장하고 고개를 숙인 모습을 한 자연석이 있다. 이것을 상제常啼(혹은 살타파륜)보살이라 한다. 상제보살은 법기보살을 좇아 7일 동안 밤새도록 기도하면서 반야의 법문을 듣는다는 보살이다. 법기보살이 중향성에서 반야의 법을 설한다는 말을 듣고는 가서 법을 구하였다. 법기보살은 다음과 같은 반야의 법을 설하였다.

   선남자여, 여래는 어디에서 오는 것도 아니고 어디로 가는 것도 아

통일전망대에서 바라본 금강산 전경

니다. 있는 그대로의 모습[眞如]은 변하는 것이 아니고, 진여가 여래이기 때문이다. 나지 않는 것은 오지도 가지도 않나니, 여래는 나지 않는다. 공성空性은 가고 옴이 없나니, 여래는 공성이다. 그대가 이와 같이, '여래와 모든 것은 나지도 않는 것이며, 없어지는 것도 아니다'라는 것을 바로 안다면, 거기에서 그대는 위없는 깨달음을 얻을 것이며, 반야바라밀의 방편을 알게 될 것이다.

이때에 대지는 진동하고 하늘에서는 꽃비가 내리면서 상제를 위시한 많은 대중들은 보리심을 얻고 환희에 싸여 모두 성불할 수 있음을 확신하였다는 것이다.

법기도량으로 유명한 금강산의 절은 표훈사와 정양사가 있다. 법기

표훈사 전경
필자 미상, 26.7×43.8cm—국립중앙박물관

봉 아래에 있는 표훈사는 창건주 표훈의 이름에서 따온 것이다. 표훈사의 본당은 반야보전般若寶殿이라고 하는데, 법기보살이 항상 반야의 법문을 설법하고 있기 때문이다. 그 안에는 법기보살의 장륙상丈六像을 주존불로 모셨는데, 법당 정면에 모신 것이 아니라 동쪽을 향하여 안치시켰다. 이러한 불상 배치는 서쪽을 향해 무량수불을 안치한 부석사 무량수전과 묘한 대조를 이룬다. 스승 의상과 제자 표훈의 생각이 일치했던 하나의 사례라고 하겠다.

의상이 해동 화엄의 초조初祖로서 명망을 드날렸다면, 그의 10대 제자는 스승의 뜻을 이 땅에 뿌리내린 실천가였다. 그중에서도 표훈은 가장 뛰어난 제자의 한 사람이었다. 경덕왕의 부탁으로 천제를 만나 아들(혜공왕)을 낳게 해 주었다는 설화의 주인공이 표훈이었고, 8세기 말 혜공왕대 완공된 석굴암의 초대 주지가 바로 표훈이었다. 그를 끝으로 신라에는 더 이상의 성인이 나지 않았다고 할 만큼 당시 가장 존경받는 승려였다.

표훈사 뒤쪽 2킬로미터쯤에 있는 정양사正陽寺도 법기도량이었다. 이 절은 고려 태조 왕건이 세운 것이다. 고려 태조가 정양사터에 올라왔을 때, 바위 위에서 법기보살이 빛을 내며 나타나자, 감격해서 보살을 향해 절을 올렸고 정양사를 창건하였다고 한다. 이 절의 본당도 반야전이고 표훈사와 마찬가지로 법기보살을 주존으로 봉안하였다.

발연사와 점찰법회

의상 이후 태백문화권에 관심을 가졌던 사람은 진표였다. 혜공왕 때 진표는 금강산 미륵봉 아래에 발연사를 세우고 불법을 전하고 중생을 교화하였다.

변산 불사의방에서 지장보살과 미륵보살로부터 계와 간자를 받은 진표는 금산사를 중창하고, 다시 속리산 길상사(법주사)의 터를 잡아놓고, 강릉으로 갔다. 강릉 해변에서 물고기와 자라들에게 계법을 들려주고 다시 금강산으로 들어가서 발연사를 세우고 점찰법회를 열었다.

진표가 이곳에 머문 지 7년 되던 해에 강릉 지역에 흉년이 들어 많은 사람들이 굶주렸다. 그러한 와중에서도 사람들로 하여금 계법을 지키

1920년대 건봉사

고, 삼보三寶를 공경하도록 하였다. 그러자 갑자기 고성 해변에 물고기들이 저절로 죽어서 나오니 사람들은 이것을 팔아 먹을 것을 마련해서 죽음을 면했다고 한다.

월정사와 관련된 신효는 학의 깃털을 통해 강릉 지역에서 동물의 모습이 아닌 사람의 모습을 확인하였다. 강릉 지역이 인간의 순수성을 간직한 곳이며, 불법을 전하기 좋은 곳임을 말해주는 것이다. 진표가 해안가에서 불법을 설한 대상인 물고기·자라는 아마 힘들게 살아가는 이 지역 어민들일 것이다. 어릴 때 그는 장난삼아 개구리 30여 마리를 잡아 버드나무 가지에 꿰어 물에 담가놓았다가 깜박 잊고, 한 해 지나 그

건봉사 전경
고성군 거진읍 냉천리에 있는 절로 520년(법흥왕 7) 아도화상이 건립하였고, 1358년(공민왕 7) 나옹이 중수하며 건봉사라고 불렀다. 임진왜란 때 6천여 명의 승병이 사명 유정의 지휘 아래 이곳에 모였고, 조선시대 4대 사찰의 하나로 불릴 만큼 큰 규모를 자랑하였다. 6·25 전쟁 때 소실되었다가 현재 일부 전각이 복원되었다.

것을 발견하고는 고통받는 개구리의 모습을 보고 출가하게 되었다. 고통을 견뎌온 개구리는 바로 신라에 의해 멸망된 망국민인 백제인들이었다. 그는 그들에게 자비심을 느끼고, 그들을 고통에서 풀어주고자 출가하였던 것이다.

진표는 고통받는 중생들을 깨달음의 길로 인도하기 위해 점찰법회를 이용하였다. 미륵보살은 그에게 189개의 간자를 주면서 이것으로

건봉사 불이문
고성군 거진읍 냉천리 건봉사에 있는 문으로, 6·25전쟁 때 폐허가 된 건봉사에서 유일하게 남은 건물이다. 1920년에 세운 문 기둥에는 금강저 문양이 새겨져 있으며, 현판은 조선 마지막 왕세자 영친왕의 스승인 김규진이 썼다.

중생 제도의 방편으로 삼으라고 하였다. 점찰은 먼저 참회를 해 자신의 죄를 모두 없앤 뒤에 하도록 하였다. 점찰법에는 10개·3개·6개의 간자를 가지고 하는 세 종류가 있다. 각각의 간자를 던져서 나오는 모양을 보고 그 사람의 과거 업보를 살핀다는 것이다.

진표는 법상종 승려였다. 법상종은 화엄종과 대립되는 측면이 있었다. 신라에는 두 계열의 법상종이 있었는데, 하나는 미륵보살·지장보살을 모시는 진표계와 미륵보살·미타불을 모시는 태현계가 있었다. 태현계의 법상종은 후고구려를 세우고 자칭 미륵불이라고 했던 궁예의 사상과 연결되고 있다. 그렇기 때문에 오대산 신앙에서 태현계의 법상종은 철저히 배제되었다. 오대산 서대에는 미타불이 아닌 무량수불을 모신 것을 통해 짐작해 볼 수 있다. 반면 진표계의 법상종은 발연사를 중심으로 세력을 유지할 수 있었고, 오대산 남대에 지장을 모시게 된 것은 이를 반증하고 있다고 하겠다.

태백문화권은 의상계의 화엄종이 매우 성행했던 곳이었지만 진표의 중생을 불쌍히 여기고 그들을 고통에서 구해내려는 노력이 이어졌기에 발연사는 조선 후기까지 그 명맥을 유지할 수 있었다.

*** 자세히 들여다 보기

김영태, 〈점찰법회와 진표의 교법사상〉, 《한국불교사상사》, 1976
한국불교연구원 편, 《북한의 사찰》, 일지사, 1978
김복순, 〈표훈〉, 《가산학보》 3, 1994

가지산문의 개산조 도의와 진전사

신라의 달마

중국에 선을 처음으로 들여왔던 달마가 있다면 우리나라에는 도의가 있다. 원적선사 도의道義는 혜능의 4대 법손이며 혜능의 남돈선을 가장 먼저 신라에 전하였다. 도의는 당나라에서 마조도일의 제자인 서당지장·백장회해에게 가르침을 받았다. 당시 지장은 "진실로 법을 전해야 한다면 이런 사람이 아니고 누구에게 전하랴" 하였고, 회해는 "도일의 선맥이 모두 동국으로 가는구나"라고 하였다.

그의 속성은 왕王씨이며, 북한산군 출신이었다. 그는 불교와 관련된 태몽으로 인해 임신 3년 3개월만에 태어났다. 이후 출가하여 명적明寂이라는 법호를 받았다. 784년 사신 김양공을 따라 당나라에 들어가 화엄의 성지인 오대산을 찾아 문수보살로부터 감응을 받았다. 그때 공중에서 성스러운 종소리가 들렸고, 신령스러운 새가 날아다녔다. 문수보살로부터 감흥을 받았다는 사실은 그가 유학 전부터 화엄과 밀접했음을 보여준다.

이후 보단사에서 계를 받았으며, 혜능을 모신 조사당을 참례하였고, 서당지장으로부터 '도의'라는 법명을 받았다. 그는 당나라로 들어가기

●● **남돈선** 남종선이라고도 하며, 점진적인 수행漸修을 강조하는 북종선과 달리 돈오頓悟, 즉 어느 한순간에 깨달음을 얻고 난 후 수행해간다는 것을 말한다.

전 이미 출가해 명적이라는 법명을 받았었다. 아마 보단사에서의 수계 사실은 그가 이제는 이전의 화엄에 머무는 것이 아닌 선禪으로 전환했음을 보여준다.

그가 귀국하자 불교계는 그에게 냉정한 시선을 보냈다. 당시 불교계는 경전의 자구 해석에 빠져있었고, 관법만을 익혀 선종을 허황하다고 배척하거나 마귀의 말이라고 비방하였다. 그는 설악산 진전사에서 은둔하였다. 이로 인해 선을 이해하지 못한 양나라 무제를 떠나 소림사로 간 달마대사에 비유되었다.

당시 설악산에는 낙산사·선림원 등의 화엄계 사찰이 있었으며, 북종선을 펼치고 있던 오색석사가 있었다. 이렇게 몇 개의 사찰이 있었음에도 굳이 새로이 진전사를 세운 것은 이곳이 귀족들의 권위와 사치가 없고, 보수적이고 형식적인 교종세력이 덜 미치지 곳이었기 때문이었다.

그는 이곳에서 화엄과 북종선과 달리 '무

진전사지 삼층석탑
양양군 강현면 둔전리에 있는 국보 제122호의 통일신라시대 석탑으로, 2층 기단 위에 삼층 탑신을 올린 전형적인 양식이다. 기단부의 천인상과 팔부신중상은 조각 수법이 매우 우수하며, 1층 탑신석에도 다양한 모습의 불상이 조각되어 있다.

위임운'의 선종을 폈다. '무위임운無爲臨運'이란 일체의 것에도 집착이나 걸림없고, 생사의 법을 초월해 본래 마음으로 살아가는 모습을 말한다. 그는 화엄에서 선으로 전환하면서 화엄보다 선의 우위를 관철시키려고 하였다. 그는 선에 대해 무조건 허망하고 마귀의 말이라고 비난하는 분위기에서 우선 선을 충분히 이해시킬 필요가 있었다. 그는 화엄의 4종법계와 55선지식善知識의 법문을 비판하고, 조사선祖師禪을 설하였다. 이는 부처님이 설한 경전의 근본의미를 파악하지 않고, 경전의 문자나 교설에 사람들이 사로잡히고 있음을 비판한 것이었다. 그는 "경전을 읽어 조사의 심인법을 증득하고자 한다면 겁劫이 다하더라도 얻기 어렵다"고 하였다. 불경의 문자나 경구에 얽매일 것이 아니라, 실천행위를 강조하면서 자기의 본래 마음에서 진리를 체득할 것을 주장한 것이다.

그의 사상은 염거화상(?~844)에 전해지고, 염거에서 다시 체징(804~880)에게 전해

진전사지 부도
보물 제439호인 부도는 삼층석탑에서 5백미터 정도 떨어진 계곡 위편에 있다. 통일신라시대 전형적인 팔각원당형 부도와 달리 기단이 석탑처럼 2층의 사각형 형태의 유일한 부도이다. 진전사를 창건하였던 도의의 승탑으로 추정되며, 우리나라 부도의 시원으로 평가되고 있다.

졌다. 837년 입당한 체징은 도의·염거의 가르침에 더할 것이 없다고 판단하고는 3년만에 귀국하였다. 귀국후 전남 장흥 가지산 보림사에서 법을 전하며 제1조 도의, 제2조 염거, 자신을 제3조로 한 가지산문을 개창하였다. 이후 가지산문과 인연을 맺은 승려로는 홍각이관·진공충담, 고려시대의 보각일연·태고보우 등이 있다.

한편 혜소와 함께 이걸二傑로 표현된 것과 같이 혜소에게도 영향을 주었을 것으로 보이며, '북산[도의]과 남악[홍척]'이라는 표현에서도 실상산문의 홍척과도 비교된다. 뒤에 사굴산문을 개창한 범일 또한 진귀조사설을 주장하였는데, 이 설은 도의의 조사선에 그 출발을 두고 있는 것이었다. 결국 그를 해동의 달마로 비유한 것은 지나친 과장은 아니라고 할 수 있다.

동방의 보살

도의가 귀국하던 해에 신라는 기근이 들어 자식을 팔아 연명하는 사람들이 많았다. 그는 백성들의 비참한 생활을 보았을 뿐만 아니라 교종 세력으로부터 반발을 받았다. 나이 60이 넘는 그로서는 큰 시련이었다. 새로운 설법처를 찾아 기반을 잡기도 전에 이번에는 김헌창·김범문의 난이 일어났다. 이렇게 5~6년간 그의 전법은 순탄지 않았다.

그러나 이러한 와중에서도 중생제도와 사회교화에 전력했음은 830년 혜소가 귀국했을 때, 흥덕왕으로부터 동방의 보살이라는 칭호를 얻었던 사실에서 짐작해 볼 수 있다. 이때 그의 나이는 70이 넘었으며, 혜소의 나이는 57세였다.

보림사 전경

장흥군 유치면 봉덕리 가지산에 있는 절로, 860년(헌안왕 4) 체징이 창건하였다. 체징은 도의의 선종 사상을 이은 염거의 제자로, 이곳에서 가지산문을 열었다.

흥덕왕은 명주 북산(설악산) 진전사의 도의와 상주 노악산 장백사長柏寺의 혜소, 두 사람을 중국의 흑의 2걸에 비유해 존경하였다. '흑의이걸'은 중국 제나라의 현창·법헌 두 법사를 말하는데, 제나라 무제武帝는 이들에게 강남과 강북 두 지역의 교화를 맡겼다고 한다. 이를 보면 흥덕왕 때에 도의가 진전사에서 상당한 선풍을 날려 그의 자비력이 신라 전역에까지 퍼졌음을 알 수 있다. 〈지증대사적조탑비〉에는 "개미가 고기있는 곳에 모여들 듯이 대중이 도를 사모하여 산을 메었다"고 하여 그의 설법활동이 상당히 왕성했음을 보여주고 있다. 그러나 그의 중생제도와 사회교화의 구체적인 모습은 알려져 있지 않다. 다만 그가 당나라에서 백장회해로부터 가르침을 받았던 사실과 혜소의 기록에서 그의 생활 모습을 대략 엿볼 수 있다.

당시의 계속된 기근으로 농촌 경제는 극히 몰락해가고 이에 따라 민심도 흉흉해져 미혹된 말에 쉽게 빠져들곤 하였다. 따라서 사원의 경제적 자립책을 강구할 수밖에 없었다. 결국 출가자의 생산 노동·경제 행위를 금하는 전통적 노동관을 부정하고, '하루 일하지 않으면, 하루 먹지 않는다'는 생활자세를 실천했던 회해의 가르침을 그는 충실히 따랐을 것이다.

혜소와 함께 보살로 인정받았다는 사실은 그의 생활 또한 혜소와 크게 다르지 않았음을 생각케 한다. 혜소는 성품에 꾸밈이 없고, 지위의 고하를 막론하고 모든 사람들을 똑같이 대하였다. 또한 삼베옷이라도 따뜻하게 생각했으며, 도토리와 콩을 섞은 밥에 채소 반찬 1가지로 식사를 하였다.

도의는 지장의 문하에서 '즉심즉불卽心卽佛'과 '비심비불非心非佛'을 내세우는 홍주종의 선풍에서 큰 영향을 받았다. 그는 본래의 마음이 부처이며, 중생의 마음이 곧 부처의 마음이라고 설법했을 것이다. 그리고 '경전을 해석하고 염불을 외우는 일보다 본연의 마음을 아는 것이 중요하다'는 것을 강조하였다. 또한 '깨달음의 이정표를 짊어지고 다닐 필요가 없다'고 하여, 교학의 한계를 지적하면서 궁극적으로 깨달음마저도 버려야 됨을 지적하였다. 이렇게 그의 실천적인 모습은 그대로 인간의 자유·평등사상으로 이어졌고, 당시 엄격한 신분제도인 골품제를

●● 홍주종 혜능의 남종선을 계승한 것으로 남악회양, 마조도일의 학맥으로 이어진다.

부정하면서 지방사회의 민중의식을 한차원 고양시키는데 일조하였다. 비난과 질시를 받았던 그가 70이 넘은 나이로 보살로 숭앙되었다는 것은 그가 자신에게 주어진 현실속에서 노력과 수행이 얼마나 철저했는가를 짐작하게 한다.

도의는 당나라 유학을 마치고 돌아와 설악산 진전사에서 남종선의 씨앗을 뿌려 이후 울창한 산림을 만든 장본인이었다. 새로운 변화를 두려워했던 기성 교종세력들에게 심한 반발을 받았지만 인내하고 노력하여 살아있는 동방의 보살로서 숭앙되었고, 신라의 달마로서 우리나라 선종의 초조가 되었으며, 현재 조계종의 종조로 추숭되고 있다.

*** 자세히 들여다 보기
정성본, 〈신라선종의 선사상〉, 《신라선종의 연구》, 민족사, 1995
김두진, 〈도의의 남종선 도입과 그 사상〉, 《강원불교사연구》, 한림과학원총서 51, 소화, 1996
여성구, 〈신라지성의 보루 – 지장·도의〉, 《가산학보》 12, 2004

사굴산문의 개창, 범일과 굴산사

낙산사에 정취보살을 모신 범일

　범일梵日(810~889)은 강릉에 굴산사를 세우고, 사굴산문을 열었던 선승이었다. 그는 15세에 출가하여 20세에 구족계를 받았다. 831년(흥덕왕 6) 왕자 김의종과 함께 당나라로 갔다. 명주 개국사開國寺에서 왼쪽 귀가 잘린 한 중을 만났다. 자신도 신라 사람으로 명주 익령현 덕기방에 산다고 하면서 귀국하게 되면 자신의 집을 지어달라고 하였다.

　범일은 두루 다니다가 항주 염관현 진국 해창원鎭國海昌院에 있던 제안齊安선사의 문하에서 6년동안 머물며 법을 얻었다. 그 뒤 약산유엄惟儼을 찾아가 선문답을 나누고 가르침을 받았다. 847년에 고국으로 돌아와 851년까지 백달산에 머무르며 정진하다 명주 도독의 청으로 굴산사로 옮겨 후학들을 교화하였다.

　858년(헌안왕 2) 꿈에 당나라에서 보았던 중이 창문 밑에 와서 말했다. "전에 명주 개국사에서 조사와 언약이 있어 이미 승락을 얻었는데 어찌 실천이 늦습니까?"

　조사는 놀라 깨어 수십 명을 데리고 익령 가까이에 가서 그가 사는 곳을 찾았다. 낙산 아랫 마을에 '덕기'라는 이름의 여인이 살고 있었다.

그 여인에게 여덟살된 아들이 있었는데, 늘 마을 남쪽 돌다리 가에서 금빛 나는 아이와 논다는 이야기를 하곤 했다. 범일은 그녀의 아들을 데리고 아이가 놀던 다리 밑에 가서 찾으니, 물 속에 왼쪽 귀가 떨어져 나간 돌부처 하나가 있었다. 이것이 곧 정취보살正趣菩薩의 불상이었다. 이에 낙산사에 불당 세 칸을 지어 그 불상을 모셨다.

정취보살은 《화엄경》 입법계품에서 관음보살 다음에 등장하는 보살이다. 따라서 범일이 낙산사에 관음보살과 함께 그것을 모신 것이다. 그가 관음보살·정취보살을 아울러 내세우고 있는 것을 보아 의상계 화엄사상에 상당한 관심을 가졌음을 알 수 있다. 이것은 사굴산문의 특징으로 말할 수 있다. 그의 제자인 개청과 행적 또한 선문 내에 화엄사상을 포용해두려고 하였다. 이러한 사상적 배경이 이 지역 내에 있었던 화엄종 사찰들을 사굴산문 소속으로 흡수하는데 큰 역할을 하게 되었다. 양양의 낙산사, 강릉의 보현사, 오대산의 월정사 등은

굴산사지 당간지주
강릉시 구정면 학산리 굴산사지에 있는 높이 5.4미터의 당간지주로 우리나라에서 가장 크다. 보물 제86호인 당간지주는 현재 아랫부분이 땅에 묻혀 지주 사이의 깃대 받침이나 기단 등은 확인할 수 없지만, 전체적으로 규모가 크며 소박한 구조를 하고 있다. 당간지주 주변부터 산 아래까지 상당히 넓은 구릉지가 굴산사지 영역이다.

모두 사굴산문을 성립시키는 사원들이었다.

진귀조사설을 주장한 범일

사굴산문의 특징은 화엄사상과의 융화에 있었으나, 사굴산문 본연의 사상은 진귀조사설이다. 진귀조사설은 선禪의 원류를 석가모니불에 두지 않고[여래선], 진귀眞歸 조사로부터 석가모니가 선법을 전해받았다고 주장하는 설이다.

석가모니는 태어나자 곧바로 사방으로 일곱 걸음을 걸으면서 오로지 존귀한 것은 자아自我뿐이라고 하였으며, 뒷날 설산雪山으로 들어가 수행하다가 새벽 샛별을 보고 진리를 깨달았으나 궁극의 경지가 아님을 느꼈다. 그 뒤 진귀조사를 만나 교敎 밖에 따로이 전하는 선지禪늡를 얻고 대오하였다는 것이다. 이것은 중국 혜가에 의해 주장된 것으로 조사선을 추구한 것

굴산사지 석불좌상
굴산사지 남쪽에 있는 석불좌상으로, 굴산사지에 남아 있는 3구의 비로자나삼존불 가운데 하나이다. 거대한 신체는 굴곡이 거의 없어 경직되어 보이지만, 둥글고 긴 얼굴 등은 고려시대 지방에서 만들어진 불상의 형식이다. 고려 초에 조성된 대표적인 불상으로 평가된다.

이다. 이러한 사상은 '평상심이 바로 도平常心是道'라는 주장으로 이어졌다. 앞서 도의는 조사선을 강조하기 위해 화엄사상을 반박하였으나, 범일과 그의 제자들은 화엄과 선의 조화를 꾀하려고 하였다. 도의와 달리 사굴산문은 교선일치를 내세우고 있다.

범일은 중국의 여러 고승들을 순방하던 중 마조도일의 제자 염관제안을 만나 부처가 되는 법을 물었다. 제안이 "도는 닦는 것이 아니라 더럽히지 않는 것이며, 부처나 보살에 대한 소견을 내지 않는 평상의 마음이 곧 도이다"라고 하였다. 이 말을 듣고 범일은 크게 깨우쳤다고 한다.

범일은 제자들에게도 "부처의 뒤를 따르지도 말고 다른 사람의 깨달음도 따르지 말라. 앞뒤 사람을 바라보고 돌아볼 것도 더 이상 닦고 얻을 바도 없는 본래 부처로서의 철두철미한 자기 본분의 자각을 수행의 목표로 삼을 것"을 강조하였다. 임종 직전에도 "스스로의 마음을 지켜 큰 뜻을 깨뜨리지 말라"고 당부하였다. 결국 자기의 마음을 밝혀 깨우쳐서 그것을 지켜 잃지 않게 하려는 그의 사상은 자칫 개인주의로 흐를 수 있는 것이었다. 사굴산문 사상의 이런 면이 강릉의 지방호족과 연결되어지는 결과가 되었다.

당시 강릉의 호족세력은 김주원계였다. 김주원은 김경신(원성왕)과의 왕위쟁탈에서 패배하여 강릉 지역으로 퇴거하여 지방세력을 형성하였다. 사굴산문은 이들 세력과 밀착되어 성장하여 갔다. 사굴산문은 본원을 강릉의 굴산사에 두고 있었지만, 그 외에 춘천의 건자암을 비롯하여 봉화의 태자사, 삼척의 삼화사 등 영동 일대에 그 세력권을 확대하고 있었다.

사굴산문의 단월세력인 김주원계는 반신라적 성향을 가지면서도

보현사 낭원대사오진탑비
강릉시 성산면 보광리 보현사 경내에 있는 낭원대사 개청(834~930)의 탑비로, 보물 제192호이다. 개청은 명주 호족의 후예 범일의 제자로 일찍이 화엄사에 출가하였다가 사굴산문의 선종 승려가 되었다.

중앙 정계에 실력자로서 참여하고 있었다. 단월세력이 이러한 이률적인 성격을 지녀서인지, 범일의 입적 후 사굴산문 또한 두 계열로 나누어졌다. 개청開淸의 지장선원과 행적行寂의 태자사가 곧 그것이었다.

지장선원의 개청은 반신라적 성향을 강하게 지녔다. 개청은 처음 화엄경을 공부하였으나 범일로부터 선법을 전수받은 뒤에 강릉 보현산 지장선원에 머물며 수백 명의 제자들을 양성하였다. 지장선원의 후원 세력은 김주원의 후손인 김순식이었다. 김순식은 친궁예적인 인물이었다.

반면 태자사의 행적은 신라 왕실과 밀접한 관계를 유지했다. 행적은 범일의 법맥을 이은 뒤 당나라에 가서 약산유엄의 법손인 석상경저慶諸의 선법을 잇고, 귀국하였다. 귀국 후 태자사에 머물며, 5백여 명의 제자를 배출하여 사굴산문의 선풍을 크게 떨쳤다. 행적의 친신라적 경향은 왕건과 같은 입장이었고, 결국 고려 초기에 활발히 활동한 것은 개청의 제자들이 아닌 행적의 제자들이었다. 고려시대의 사굴산문의 승려로는 예종 때의 혜소를 들 수 있다. 특히 혜소의 선종 사상도 교선일치적 경향을 가져 이후 조계종사상에 영향을 주었다. 조계종을 개창한 보조지눌知訥도 사굴산문 출신이었다.

사굴산문은 영동지역을 근거지로 하여 융성하였다. 범일이 이곳을 근거지로 정한 이유는 그의 할아버지가 명주도독을 지냈던 사실과 관련이 있다. 그리고 그가 당나라에서 돌아온 후 명주도독 김공은 그에게 굴산사의 주지로 청하였다. 이런 것들을 보면, 범일은 일찍부터 영동지역과 밀접했음을 알 수 있다. 범일은 지역적 연고가 있는 이곳에서 조사선을 내세우며, 사굴산문을 열었다. 사굴산문은 교선일치의 사상 경향을 갖고 있었으며, 이후 조계종의 개창에 많은 영향을 끼쳤다.

*** 자세히 들여다 보기

신천식, 〈한국불교사상에서 본 범일의 위치와 굴산사의 역사성 검토〉, 《영동문
화》, 창간호, 1980

김두진, 〈신라하대 굴산문의 형성과 그 사상〉, 《성곡논총》 17, 1986

김흥삼, 〈나말여초 굴산문의 선사상〉, 《백산학보》 66, 2003

이경복, 〈궁예와 굴산문〉, 《백산학보》 66, 2003

태백의 지배세력

명주군왕 김주원이 강릉 일대를 지배하면서
태백 일대는 신라말 고려초 역사 변동의 중심이 되었다.
원주의 양길을 아우른 궁예는 강릉 호족 김순식과
연결하여 철원에 태봉을 세웠고,
고려 태조 왕건은 후삼국을 통일할 수 있는 기틀을 다졌다.
남한강 유역은 고려 수운의 중심으로 각광받았고,
태백의 경관은 '관동팔경'으로 손꼽히며,
천하제일의 명승으로 일컬어졌다.

신라 왕실과 버금가는, 명주군왕 김주원

혜공왕의 죽음과 계속된 왕위 쟁탈전

강릉시 성산면에는 '명주군왕릉溟州郡王陵'이라고 불리는 강릉 김씨 시조 김주원의 묘소가 있다. 김주원은 명주군왕으로 불렸지만, 원래 신라 수도 경주에 살았던 진골귀족이었다.

780년(혜공왕 16) 혜공왕이 반란군에게 죽임을 당하면서, 무열왕을 시조로 한 '무열왕계'의 왕위계승은 사실상 종말을 맞았다. 경덕왕은 오래도록 자신의 왕위를 이을 아들이 없었기에, 왕비 삼모부인을 내쫓고 만월부인을 새로 맞아 아들을 낳고자 하였다. 한편으로는 표훈에게 부탁하여 하늘님에게 아들을 점지해 줄 것을 소망하였다. 이러한 노력의 결과 경덕왕은 마침내 혜공왕을 얻어 왕위를 넘겨 줄 수 있었다. 그러나 혜공왕은 즉위한 뒤 여자처럼 행동하면서 왕실의 위엄을 갖추지 않았다. 재위 16년 동안 모두 12차례의 반란이 일어났고, 그 와중에 혜공왕은 살해되고 말았다.

혜공왕 죽음 이후 신라의 왕실은 진골귀족이 장악하였다. 혜공왕을 이어 왕위에 오른 김양상은 내물왕의 10세손이지만 왕족은 아니었다. 그는 성덕왕의 딸을 부인으로 맞이하여 '무열왕계'과 밀접한 관계를

명주군왕릉
강릉시 성산면 보광리에 있는 강릉 김씨 시조 김주원의 묘이다. 김주원이 명주군왕으로 봉해졌기에 왕릉으로 불린다. 전후에 2개의 봉분으로 만들어진 묘소 앞에는 묘비와 신도비 등 석물이 남아 있다.

맺고 있었다. 그가 선덕왕이 될 수 있었던 것은, 당시 상대등이었기 때문이었다.

혜공왕을 이어 왕위에 오른 선덕왕은 왕위에 연연해 하지 않고, 항상 유유자적한 생활을 꿈꾸었다. 선덕왕이 재위 6년 만에 병으로 왕위에서 물러나면서 정국은 다시 동요하였고, 진골귀족은 본격적으로 서로 세력을 다투면서 왕위를 넘보게 되었다.

진골귀족 출신 낙향호족 김주원

선덕왕이 후사없이 죽자 곧이어 치열한 왕위쟁탈전이 벌어졌다. 왕위는 쟁탈전에서 승리한 진골귀족이 차지하였다. 당시 김주원과 김경신은 신라 최고의 관직인 상대등을 지냈던 당대 최고 진골귀족이었다. 상대등은 태자와 같은 정당한 왕위계승자가 없을 경우 왕이 될 수 있는 잠재적인 제1후보자였다. 혜공왕을 이어 왕이 된 선덕왕 또한 당시 상대등으로 진골귀족의 추대를 받아 왕위에 올랐다.

김주원은 무열왕의 6세손이었고, 김경신은 내물왕의 12세손으로 왕통을 달리하였다. 김주원은 당시 재상 가운데 제일 세력이 강했고, 김경신은 그 다음이었다. 당시 정국은 김주원이 김경신을 누르고 바로 왕위에 오를 수 있는 상황이었다. 김주원은 무리를 거느리고 왕궁에 행차해 왕위에 오르려고 하였다. 그러나 때마침 내린 큰 비로 경주의 알천[北川]이 범람하자 왕궁에 이르지 못하였고, 이 틈을 타고 김경신이 추대를 받아 왕위에 올랐다.

왕위쟁탈전에서 패배한 김주원은 권력에서 소외된 채 더 이상 경주에 머물 수 없었다. 김주원은 경주를 떠나 명주(강릉)로 낙향하였다. 명주는 그의 선대부터 경제적 연고권이 있었던 지역이었다. 명주에 머물던 김주원은 김경신(원성왕)에게 반감을 가질 수밖에 없었다.

명주는 오랫동안 고구려의 영역이었지만, 5세기 중반 이후 신라의 영토에 포함되었다. 신라는 명주 지역을 점령한 뒤 삼직三直을 군주로 삼아 고구려 세력의 남하에 대비하였다. 6세기 초 지증왕대에는 정복전쟁에 참여하여 공을 세웠던 이사부가 성주로 파견되었고, 7세기 중반 선덕왕대에는 소경을 설치하였으며, 658년(무열왕 5)에는 변경의 수비를 위해 군사기지인 북진北鎭이 설치되기도 하였다. 이렇듯 명주는 신라가 고구려 세력과 대치하며 동해안 일대를 정복해갈 때부터 중요시한 군사적 요충지였다. 진흥왕이 황초령과 마운령까지 진출하게 된 것도 삼척과 강릉 등 동해안의 요충지를 미리 확보하였기 때문이다. 자연 명주에는 신라의 정예군사가 일찍부터 주둔하였고, 신라 정부의 지속적인 관심을 받았다.

김헌창의 반란과 명주 호족의 독자 지배

명주의 지리적·전략적 중요성 때문에 원성왕은 명주로 낙향한 김주원 세력을 무시할 수 없었다. 그는 김주원의 아들 김종기를 최고 관직인 시중에 임명하여 타협을 모색하였다. 이후 김주원의 또 다른 아들인 김헌창과 김종기의 아들 김장여 역시 헌덕왕대 연이어 시중을 지내며 신라 중앙 정치세력으로 활동하였다. 그런 이유로 787년 김주원은 명주의 독자적 지배를 행사하는 '명주군왕'으로 불려지게 되었다.

822년 김헌창은 웅천주도독으로 있으면서 아버지 김주원이 왕위에 오르지 못한 것을 내세우며 반란을 일으켰다. 그는 국호를 장안, 연호를 경운이라고 하여 나라를 세우고 웅천주를 중심으로 무진주(광주)·완산주(전주)·청주(진주)·사벌주(상주)의 4개 주와 국원경(원주), 서원경(청주), 금관경(김해) 등 3개 소경을 아우르며 신라 왕실을 압박하였다. 이 때 원성왕의 여러 후손들이 힘을 합쳐 반란을 진압하면서 신라 왕실에 대한 김헌창의 도전은 실패로 끝나고 말았다. 이후 김주원 후손은 중앙 정계에서 영향력이 크게 줄어들었다.

흥덕왕 사후 벌어진 왕위쟁탈전에서 김종기의 손자 김양金陽은 스스로 '평동장군'이라 하고 신무왕의 즉위를 도와 중앙 정계에 복귀하였다. 이 때 사촌형 김흔金昕은 대구에서 김양이 이끄는 병사를 막다가 패배하여 소백산에 은거하였다. 이렇듯 김주원 가계는 정치적 이해 관계에 따라 대립하며 분화하였다.

명주에 남아 있던 김주원의 후손은 여전히 명주 일대를 다스리며 호족세력으로 성장하였다. 당시 영월 세달사의 농장이 명주에 있었는데, 김흔의 딸이 이곳에 다녀갔던 것을 보면 김주원 집안은 명주를 중심으로 영월까지 지배하고 있었음을 알 수 있다. 명주 호족 김주원의 후손들은 명주를 중심으로 평창·영월 등 남한강 일대를 장악하며 독자적인 지배영역을 공고히 하고 있었다.

신라말 김주원 후손들은 신라 정국을 주도하려는 야심을 가지면서도 신라 왕실의 관심과 견제에서 벗어나 명주 지역을 독자적으로 지배하려고 하였다. 그리하여 남한강 유역까지 자신의 세력권을 확대하였다. 그런 이유로 남한강 유역에서 미미한 세력으로 출발한 궁예는 명주로 들어와 그 세력을 더욱 키워 조직화할 수 있었고, 명주 호족은 궁예의 태봉 건국을 도우며 독자적 지배 권력을 유지할 수 있었다. 김주원의 후손인 명주 호족은 나말여초 변혁기에 태백문화권의 독자성을 지켜가는데 크게 기여하였다.

*** 자세히 들여다보기
 이기동, 〈신라 하대의 왕위계승과 정치과정〉, 《역사학보》 85, 1980
 김정숙, 〈김주원 세계의 성립과 그 변천〉, 《백산학보》 28, 1984
 이명식, 〈신라 하대 김주원계의 정치적 입장〉, 《대구사학》 26, 1984

원주 호족 양길과 태백의 지방 세력

신라말 농민의 유망과 초적의 봉기

　신라말 진골귀족들 간의 치열한 왕위쟁탈전은 신라 사회를 점차 혼란에 빠뜨렸다. 중앙 정계의 혼란을 틈타 지방에서는 장군·성주 등으로 불린 호족세력이 출현하였다. 호족세력은 일정한 지역에서 군사·경제·정치적으로 중앙 정부의 간섭을 받지 않는 배타적 지배권을 행사하며, 신라 사회를 주도해 나갔다.

　호족들 가운데에는 중앙 정계에서 몰락하여 낙향한 후 독자세력을 형성한 진골귀족 출신이 있는가 하면, 신라의 변방을 지키던 정예 군사가 무역을 통해 부를 쌓은 해상세력과 힘을 합쳐 호족이 되기도 하였다. 이러한 와중에 토착적 정서를 가지고 해당 지역을 다스리던 촌주들도 점차 세력화하였다.

　왕위쟁탈전으로 권력의 부침이 심해지자, 진골귀족은 중앙 정계에서 살아남기 위해 경제적 규모를 확대시켜 갔다. 지방 곳곳에 자신의 경제적 기반을 마련하거나 농토를 늘리고 경영하기 위해 많은 노비를 보유하였다. 당시 당나라에서 전하는 말로는 진골귀족들이 노비를 3천명이나 소유하고, 섬에 목장을 두었다고 할 정도였다. 진골귀족들은 유사시 노비를 사병으로 전환하고 농토에서 나오는 소출을 토대로 정국의 우위를 차지하려고 다투었다. 한편 호족세력은 초적草賊의 침탈로부터 자신의 세력을 유지하기 위해 무력을 갖추어 나갔다.

신라 사회의 변동은 초적이 된 농부들로부터 비롯되었다. 헌덕왕대 이후 신라는 계속된 기근에 시달렸다. 백성들은 당나라로 건너가 구걸을 하였으며, 입을 줄이기 위해 어린 자식을 생매장하기도 하였다. 경주에 사는 효녀 지은知恩이 잘사는 남의 집에 고용되어 생계를 이어갔을 정도였으니, 지방의 백성들의 생활은 이보다 더욱 비참하였다. 이렇게 기근이 계속되자 887년 진성왕은 즉위 직후 1년 동안 조세를 면제시켰다. 그러나 국가와 왕실의 수취와 수탈은 계속되었고, 그 결과 농민들은 대대로 살아왔던 고향을 떠나 초적이 되었다.

초적들은 곳곳을 떠돌아다니며 굶주림에서 벗어나려고 약탈을 일삼았다. 889년 진성왕은 지방에서 조세를 납부하지 않아 재정이 점차 고갈되자, 사신을 파견하여 조세 납부를 독촉하였다. 농민과 초적들은 이에 반발하며 지방 곳곳에서 반란을 일으켰다.

북원경을 장악한 양길과 궁예

889년 원종·애노는 사벌주(상주)에서 반란을 일으켰다. 이로부터 신라 전역에는 초적들이 한 지역을 장악하고 왕실과 정부에 반발하며 독자 세력을 형성하였다. 양길梁吉, 良吉도 북원경(원주)을 중심으로 주변 지역을 아우르며 세력을 확대해 나갔다. 그가 언제 북원경을 장악하였는지는 잘 알 수 없지만, 891년에 북원경 주변을 습격하고 있는 것을 보면, 원종·애노가 반란을 일으켰던 직후부터였던 듯하다.

양길은 치악산 서쪽 영원산성을 본거지로 삼아 북원경 일대를 점령하였다. 그는 후백제 견훤으로부터 비장神將직을 받을 정도로 제법 큰 세력을 갖고 있었다. 891년 궁예에게 기병 100기를 주어 북원경 동쪽과 명주 관내의 10여 군현을 공략케 하였다. 이 때 주천(영월)를 비롯하여 내성(영월)·울오(평창)·어진(울진) 등이 그의 세력권에 포함되었다. 이후 양길은 국원 등 30여 성을 관할하면서 남한강 일대를 장악하였다.

북원경은 신라 5소경의 하나로 678년(문무왕 18)에 설치되었다. 신문왕은 백제와 고구려를 정복한 뒤 685년(신문왕 5) 전국의 행정 구역을 9주 5소경으로 편제하였다. 수도 경주에서 멀리 떨어진 곳에 소경을 두고 경주 사람들을 이주시켜 지방의 지배체제를 강화하고, 고구려·백제·가야 유민의 융화를 꾀하였다.

북원경은 중원경(충주)와 함께 남한강 유역에 설치되었다. 중원경이 소백산맥을 넘어 남한강을 따라 한강 하류까지 쉽게 나아갈 수 있는 요충지라면, 북원경은 섬강을 통해 횡성을 거쳐 평창까지 이를 수 있는 내륙 최북단의 전략요충지였다. 또한 중원경은 한주漢州를 중심으로 남한강 유역을 관할하는 지방 지배 중심지였으며, 북원경은 태백의 내륙 지역인 삭주朔州 일대와 태백의 해안 지역인 명주 일대를 관할하였다. 양길은 최전성기일 때, 북원경을 중심으로 중원경 일대까지 장악하였다. 그는 세 소경과 세 주의 영역인 남한강 유역 전지역과 동해안 일부 지역을 관할하였다.

양길은 일찍부터 북원경을 장악하였다. 그의 신분은 알려져 있지 않지만, 소경에는 진골귀족은 물론 육두품 계층 상당수가 거주하였기에, 초적 출신이라고 할 수 없다. 899년(효공왕 3) 충주 등지의 10여 성주城主들과 함께 비뇌성非惱城에서 궁예와 싸울 때까지 약 10년 남짓 여전히 북원경을 장악한 것으로 보아 농민 출신이기 보다는 적어도 4두품 이상의 신분이었고, 북원경에 세력 기반을 가졌던 재지세력가였다. 때문에 다른 지역의 중소호족들이 일찍 세력을 잃었던 데 반해 신라의 지방 지배 중심지였던 북원경을 중심으로 충주와 영월 등 남한강 유역 일대를 장악하며 제법 오랜 시간 동안 세력을 유지할 수 있었다.

궁예는 891년 이전 양길에게 투항하여 정복전쟁에 참여하였다. 그는 원래 명주 호족의 관할에 속하였던 영월의 세달사 승려로 있었다. 따라서 양길이 궁예를 포섭하여 휘하에 두었던 것은, 궁예가 원주를 중심으로 영월 일대는 물론 명주 지역까지 지리적 조건에 익숙하였기 때문이었다. 양길은 태백 일대를 자신의 세력 기반으로 확보하려고 하였다. 궁예는 양길의 의도를 간파하고 남한강 상류 지역을 아우르며 명주에 진출하여 세력을 일으킬 수 있었다.

양길은 신라말 태백 일대를 아우른 최초의 호족 세력이었다. 그러나 초적을 이끌며 신라의 붕괴를 촉진할 뿐, 새로운 사회를 개척할 이렇다 할 안목이나 역량을 지니지 못하였다. 그리하여 궁예와 세력을 다투다가 패배하여 역사의 전면에서 사라지고 말았다.

*** 자세히 들여다보기

조인성, 《태봉의 궁예정권 연구》, 서강대 박사학위논문, 1991
정청주, 《신라말 고려초 호족 연구》, 일조각, 1996

미륵불의 화신, 태봉왕 궁예

왕실이 버린 왕자, 궁예

신라말의 사회는 매우 혼란하였다. 836년 흥덕왕이 후사를 정하지 못하고 죽자, 진골귀족들은 왕위를 차지하기 위해 치열한 왕위쟁탈전을 벌였다. 원성왕의 아들인 인겸仁謙와 예영禮英의 후손들은 서로 대립하며 왕위쟁탈전을 주도하였다. 인겸계인 흥덕왕을 이어 예영의 손자인 김제륭이 희강왕으로 즉위하였다. 2년 뒤 흥덕왕의 조카인 인겸계 김명이 왕위를 빼앗아 민애왕이 되었고, 바로 그 해 예영의 손자인 김우징이 장보고의 도움을 받아 신무왕으로 등극하였다. 흥덕왕이 세상을 떠난 지 약 3년 동안 3명의 왕이 왕위를 두고 다투었다.

신무왕 이후 왕위가 아들 문성왕에게 전해지면서 왕위쟁탈전은 외형상 끝나는 조짐을 보였다. 그러나 문성왕이 삼촌인 헌안왕에게 왕위를 넘기고, 헌안왕 또한 후사를 이을 아들이 없어 자칫 왕위를 둘러싼 진골귀족 간의 대립과 갈등이 다시 일어나려고 하였다. 이 때 예영계의 후손이었던 헌안왕은 인겸계 희강왕의 손자였던 김응렴을 큰 사위로 맞아 왕위를 전하였다. 김응렴은 인겸계와 예영계 간의 화해를 통해 왕위에 올라 제48대 경문왕이 되었다.

궁예는 원래 신라 왕족이었다. 기록에는 그를 47대 헌안왕의 아들, 혹은 48대 경문왕의 아들이라고 하였다. 5월 5일 단오날 외가에서 태어날 때 지붕 위에는 하늘에서 내려온 빛이 있었다. 이를 보고 점을 치던 일관은 왕에게 장차 나라에 큰 화가 일어날 징조이니 궁예를 키우지 말라고 하였다. 왕은 신하를 보내 궁예를 죽이도록 명령하였고, 신하는 강보에 싸인 궁예를 누각 위에서 던져버렸다. 이 때 유모가 그를 받다가 잘못하여 눈을 찔렀고, 그 뒤 궁예는 한쪽 눈을 잃은 채 숨어 살았다. 궁예는 왕실의 자손이었지만, 국가에 위협을 줄 인물로 평가되어 왕실에서 버려졌다.

궁예가 왕실의 버림을 받은 것은 태어날 때 외가 지붕에 이상한 기운이 나타났다는 징조 때문이었다. 그것은 궁예와 그의 외가가 신라 왕실과 밀접한 관계를 가졌으면서도 왕에게 반발하였다는 사실을 말해 준다. 그러한 이유로 왕자 출신인 궁예는 왕실에서 버려져 어린 시절을 불우하게 숨어살아야 했다. 자연히 그는 신라 왕실에 반감을 가졌다.

새로운 세상에 대한 염원, 태봉의 건국

세달사의 승려로 있는 동안, 궁예는 계율에 구애받지 않고 활발히 활동하였다. 889년 지방 곳곳에서 초적이 크게 일어나자, 새로운 사회를 구현하겠다는 생각을 가졌다. 891년 세달사를 떠나 죽주(안성·용인)의 세력가인 기훤에게 나아갔다. 그러나 기훤이 대접을 소홀히 하자, 다시 북원경을 장악하고 있던 양길에게 나아갔다. 그것은 지리를 잘 알지 못하는 죽주 일대에서 활동하는 것보다 어렸을 때부터 익숙한 영월

태봉의 건국과 후삼국 각축

일대에서 활동하는 것이 낫다고 판단했기 때문이다. 특히 영월 지역은 명주 호족의 지배 아래에 있었기에 동해안 일대로 진출하기도 쉬웠다. 그런 이유에서 양길은 궁예에게 북원경 주변 지역에 대한 정복을 지시하였다. 891년 궁예는 기병을 이끌고 영월·평창·울진 등을 점령하였다.

양길의 신임을 받아 세력을 키워나갔던 궁예는 894년 6백여 명을 이끌고 원주를 떠나 명주로 들어가 독립하였다. 이 때 김주원계 명주 호족의 도움을 받아 장군을 자칭하며 3,500명으로 늘어난 부대를 14대로 나누어 편제하면서 조직을 강화하였다. 이후 저족(인제), 생천(화천), 부약(김화), 철원 등 북한강 유역 일대를 점령하였고 서해안 일대(황해도·예성강 일대)로 진출할 교두보를 확보하였다. 마침내 패서 일대 호족들은 물론 송악 호족 왕건이 귀부하자, 896년 철원에 도읍을 두고 국가를 세웠다. 900년까지는 혈구 등 서해안 일대와 충주 등 남한강 유역을 모두 아우르고 국호를 고려라고 하였으며, 903년 나주 일대를 점령하고는 국호를 마진, 연호를 무태로 바꾸었다. 이후 대동강 이남에서 금강과 죽령 이북 지역을 세력권 안에 아우르며 후백제와 세력을 다투었고, 911년 국호를 태봉으로 불렀다.

궁예는 원주·강릉 지역을 기반으로 북한강 일대를 점령한 뒤 철원에서 건국하였으며, 이후 서해안 일대 호족을 포섭한 뒤 오늘날 중부 지방의 대부분을 아우르며 견훤과 대치하였다. 그는 짧은 기간 동안 왕실에 반발하는 북한강 유역과 패서 지역의 호족 세력을 결집하며 세력을 키웠다. 그 뒤 넓은 평야지대인 철원을 도읍으로 삼아 건국하고는 양길을 몰아내고 소백산맥 이남으로 진출하여 신라를 압박하였다. 아울러 신라를 두고 견훤과 힘을 다투며, 특히 나주 일대를 장악하여 서남해안 제해권을 차지하였다. 이렇게 궁예는 영역 확대 과정에서 매우 뛰어난 모습을 보였다. 특히 군사력이 강했던 패서 호족을 아우르거나 제휴한 뒤 영역을 급속히 확대하였다. 그는 태백을 중심으로 한강 일대를 장악할 때, 한반도 중부와 북부·남부를 잇는 지리적 이점을 알았던 뛰어난 군사전략가였다.

전제정치를 꿈꾸던 미륵불, 좌절과 몰락

나라를 세운 궁예는 호족연합정권을 추진하며 광평성 체제를 통해 왕권의 안정을 꾀하였다. 특히 자신 스스로를 미륵불이라고 하여 미륵의 이상세계를 현실에 구현하고자 하였다. 그는 당시 널리 퍼져있던 말세의식을 통해 사회 혼란을 수습하고 국가 체제의 안정을 꾀하였다.

말세는 부처의 말씀과 행동이 잘 지켜지지 않고 편벽된 마음만 남은 시기이다. 사람들은 염불과 참회를 통해 부처의 가르침이 충만한 정토를 이루고자 염원하였다. 각 지방에서는 혼란한 세상을 구제하기 위해

●● **광평성** 내정을 총괄했던 관청, 장관을 광치내라 하였고, 그 아래 여러 기관을 두어 업무를 분담하였다.

불상을 조성하거나 신앙 결사를 맺는 불사가 열렸다. 865년(경문왕 5) 한주漢州 철원군에서 1,500명이 모여 하루빨리 세상의 혼란이 없어지기를 바라는 마음으로 비로자나불상을 만들었다.

궁예는 당시 성행하였던 말세의식 속에서 자신이 세상을 구원할 미륵이라고 하였다. 미륵의 용화세계를 이루기 위해서는 우선 전륜성왕이 나타나 세상을 개혁해야 했다. 궁예는 자신을 미륵불이라고 하면서 자신의 아들을 전륜성왕이라고 하였다. 세상이 혼란할 때, 국왕은 전륜성왕을 자칭하며 사회질서를 유지하려 했고, 이러한 전륜성왕의 치세는 미륵의 출현을 이끌었다. 결국 궁예의 미륵신앙은 왕권의 전제화와 밀접히 관련되었다. 때문에 그의 미륵신앙은 현실 사회를 개혁하려는 경향이 강했고, 그것을 위해서 계율적인 통치체제를 구축하고자 하였다.

궁예의 휘하에 포함되었던 정치세력들은

도피안사 철조비로자나불좌상
철원군 동송읍 관우리 도피동 도피안사 대적광전에 봉안된 통일신라 말의 대표적인 철불이다. 865년(경문왕 6)에 만들어진 국보 제63호의 불상은 대좌까지 함께 만들어진 특이한 양식이며, 등에는 1백여 자에 달하는 명문이 남아 있다.

삼화사 철조비로자나불좌상
삼척시 삼화동 삼화사 대웅전에 있는 보물 제1292호의 철불이다. 729년(효성왕 3)에 이곳에 안치되었다고 하지만, 양식상 안면 조각이 섬세하여 고려 초에 만들어졌을 것으로 추정된다. 등에는 명문이 남아 있다.

계율적인 통치체제에 반발하였다. 특히 초기부터 궁예를 도와 전장에 참전하였던 무신들이나 유교적 정치이념에 입각하여 국가 체제를 세우려는 유학지식인들의 반발이 심했다. 그의 아내인 강씨 또한 그의 전제 정치를 비판하였다. 그는 강씨 부인을 포함한 자신의 반대 세력을 억압하기 위해 점점 더 계율적인 통치체제를 강조하였고, 마침내 사람의 마음을 볼 수 있다는 '미륵관심법'을 내세워 그들을 제거하였다. 이러한 정국 운영은 신라 왕실이나 진골귀족의 독점적 지배 방식과 크게 다르지 않았다. 그는 무너져 가고 있던 신라 국가의 운영 방식을 통해 왕권의 전제화를 추구하였던 것이다. 그 결과 궁예는 918년 왕건을 추대한 측근세력에 의해 숙청되고 말았다. 신라 사회에 저항하면서 독자적 역사문화를 유지해왔던 태백문화권의 정치세력은 이후 역사의 주도권을 한강 하류에 자리한 정치세력에게 넘기고 오랜 침체에 빠져 들었다.

*** 자세히 들여다보기

김철준, 〈궁예와 견훤〉, 《사학회지》 3, 연세대 사학연구회, 1963

이정신, 〈궁예정권의 성립과 변천〉, 《남사정재각박사고희기념 동양학논집》, 1984

정청주, 〈궁예와 호족세력〉, 《전북사학》 10, 1986

조인성, 《태봉의 궁예정권 연구》, 서강대 박사학위논문, 1991

김두진, 〈궁예의 미륵세계〉, 《한국사시민강좌》 10, 1992

양경숙, 〈궁예와 그의 미륵불 사상〉, 《북악사론》 3, 1993

이재범, 《슬픈 궁예》, 푸른역사, 2000

고려 왕실과 태백의 사찰들

고려 초기의 불교계와 태백의 사찰들

　북한강과 남한강은 높은 산사이로 깊은 계곡이 있고, 그 사이로 작지만 긴 물줄기가 흐르고 있다. 북한강 유역은 산에 연이은 강변이 넓지 않은 반면 남한강 유역은 주변에 넓은 평야와 분지가 곳곳에 펼쳐져 있다. 이런 지리적 조건으로 북한강 유역보다 남한강 유역에 사찰이 많았다. 특히 여주 평야와 충주 분지는 내륙에 위치한 대표적인 평야와 분지였고, 남한강의 물길이 고려시대에 주요 수운로로 이용되면서, 이곳에는 개경과 연결된 많은 사찰이 세워졌다. 그것은 오늘날 대부분 폐사지로 남아 있지만, 유적을 통해서 볼 때 이 지역의 불교문화가 매우 화려하였음을 알 수 있다.

　고려시대 사찰은 북한강 유역의 청평사와 남한강 유역의 흥법사·법천사·거돈사·정토사·숭선사·청룡사 등이 대표적이다. 나말여초에 남한강과 섬강蟾江 일대에 집중적으로 대형 가람들이 밀집되어 있었던 것은 이 곳이 삼국이 각축을 벌이던 역사의 무대였고, 한반도의 중심인 한강의 중요 교통로였기 때문이다. 이들 사찰은 남한강 주변의 물길을 중심으로 불교가 융성했던 통일신라 이후 고려까지 왕실과 중앙의 문벌귀족들과 관련되었던 곳이다. 따라서 북한강과 남한강 일대에 있던 고려시대 사찰들은 고려 초기부터 중앙 정계와 긴밀한 관계를 가지며 사세를 키워나갔다. 특히 남한강을 따라 원주 일대와 충주 일대에는 이러한 관계를 맺은 사찰이 많았던 반면, 북한강 유역에는 중앙 정계와 관련된 불교계와 관계하면서도 새로운 불교 운동을 일으키려는 사찰들이 들어섰다.

원주 일대 사찰들, 흥법사·법천사·거돈사

고려 초기의 불교는 전 시대와 사뭇 다른 분위기였다. 나말여초 지방세력과 결합하여 새로운 왕조를 탄생시켰던 선종 세력이 비대해지자 고려 정부에서 선종 세력을 견제하기 시작하였다. 이는 왕실에서 교종계의 화엄종과 법상종을 후원하는 정책과 맞물려 있었다. 이러한 정치권의 변동을 말해주는 것이 흥법사·법천사·거돈사이다.

흥법사는 940년(태조 23) 이전에 세워져 임진왜란 이후 폐사되었다. 1693년(숙종 19)에 이곳에 허후許厚를 배향한 도천서원陶川書院이 들어섰으나, 대원군 때 서원 철폐령으로 훼철되었다. 절터는 남한강으로 유입되는 섬강 북쪽 언덕 위에 있는데, 영봉산 산자락에 계단식으로 조성되어 있다. 현재 3층석탑, 진공대사탑비(보물 제463호)의 귀부와 이수, 약간의 석재만이 남아 있다. 진공대사탑비의 깨어진 비신 4편은 국립중앙박물관에 보관되어 있다.

고려 태조 왕건의 왕사였던 진공대사眞空大師(869~940)는 법명이 충담忠湛이며 속성은 김씨이다. 태조 왕건이 직접 그의 비문을 지었을 만큼 고려 왕실과 밀접하게 관련되었던 불교계의 거목이었다. 신라 귀족 출신으로, 어려서 부모를 여의고 출가하여 장순선사의 제자가 되었다. 21세 때 무주(광주) 영신사靈神寺에서 구족계를 받고 법상종과 율장을 연구하였다. 그는 진전사를 답사하고 도의의 부도에 예배한 뒤 스님의 진영에 추모하며 영원한 제자의 예를 갖추었다. 그 뒤 당나라에 들어가 수학하고 소백산사에 머물고 있을 때 고려 태조의 귀의를 받아 왕사로 추대되었다. 원주에 자리한 흥법사는 후삼국시기 치열한 영역 다툼 와중에서 왕건이 남한강 유역을 확보하는데 큰 역할을 하였던 곳이다. 왕건은 이 절과 관련을 맺으며 남한강은 물론 섬강을 통해 태백 내륙 지역을 확보하였던 것이다.

법천사는 고려 법상종의 대표적인 사찰이다. 법천사가 있는 흥호리는 문막을 거쳐 내려오는 섬강을 사이에 두고 경기도와 강원도가 마주 보고 있으며, 남쪽으로 조금만 내딛으면 곧바로 충청도 땅이 시작되는 국도의 접경 지대이다. 특히 이 지역에는 고려시대 흥원창興元倉이 자리하여 3도의 물산과 세곡들이 모두 모여들었다. 이 절은 물길을 따라 개경과 쉽게 연결될 수 있는 곳에 자리하였다.

725년(성덕왕 24)에 창건된 법천사는 원래 '법고사法皐寺'였지만, 유난히 물과 깊은 인연을 맺고 있어서 '법천사'로 바뀌었다고 한다. 원주 일대에서 가장 알려진 사찰이었고, 조선 초기부터 유학자들이 이곳에 머물며 공부했다고 한다. 임진왜란 때 전소되었지만, 숙종 때 정시한丁時翰이 이곳에서 강학을 했고 훗날 그를 추모하기 위해 광암사廣巖祠란 사당이 있었다고 한다. 현재 절터에는 지광국사 현묘탑비가 남아 있고, 그의 부도는 우리나라 부도의 최고 걸작으로 경복궁에 전시되어 있다.

흥법사지 진공대사탑비의 귀부와 이수
원주시 지정면 안창리 흥법사지에 있는 보물 제463호의 탑비로, 고려 태조의 왕사였던 진공대사 충담의 행적이 기록되어 있다. 비문은 태조 왕건이 직접 짓고, 당 태종의 글씨를 모아 글자를 새겼으며, 비신은 일제 때 일본으로 반출되었다가 되찾아 국립중앙박물관에 소장되어 있다.

법천사지 지광국사현묘탑비

원주시 부론면 법천리 법천사지에 있는 국보 제59호의 탑비로, 지광국사 해린을 기리기 위해 1085년(선종 2)에 세워졌다. 보상당초문에 쌍룡을 조각한 비신과 네 모퉁이에 귀꽃을 놓고 큰 보주를 올린 이수가 독특한 고려 석비의 걸작이다. 비문은 정유선이 짓고 글씨는 안민후가 썼다

법천사지 지광국사현묘탑
국보 제101호로 지정된 부도로, 원래 법천사지에 있었지만, 일제 때 일본으로 반출되었다가 반환되어 국립중앙박물관 경내에 자리하였다. 부도이지만 석탑 양식으로 만들어졌고, 특히 각 면마다 여러 문양이 조각되어 고려시대 조각 수법의 극치를 보여주며, 우리나라 부도 가운데 걸작품으로 가장 우수한 부도로 평가받고 있다.

지광국사智光國師(984~1067)는 법명이 해린海隣이며, 본관은 원주 원씨이다. 그의 집안은 지방 향리 출신으로, 원주의 유력한 토성이었으며, 그의 어머니인 이씨 역시 이 지역의 토성이었다. 출가해 법천사 관웅에게 유식학을 수업하였다. 문종대 당대 최고의 문벌귀족인 이자연의 다섯째 아들인 소현韶顯이 그에게 출가하면서 인주 이씨와 긴밀히 관계하였다. 1054년 개경의 현화사에 주석하면서 국왕의 후원을 받아 절을 크게 중수하고, 법상종 교단을 이끌었다. 현화사는 현종이 부모의 원찰로 창건한 절이었다. 해린의 머문 법천사는 개경의 현화사와 함께 남한강 물길로 연결되어 남한강 유역의 지방세력의 견제, 포섭하려는 지방 거점이었던 셈이다.

홍법사와 법천사가 원주 일대의 대표적인 법상종 사찰이라면, 거돈사는 고려의 대표적인 화엄사찰로 유명하다. 거돈사는 9세기경에 창건되어 고려 초 대가람이었다가 임진왜란 때 소실되었다. 현재 터에는 중문터, 금당터, 강당터 등 건물터와 삼층석탑(보물 제750호), 원공국사승묘탑비(보물 제78호)가 남아 있으며, 원공국사승묘탑(보물 제190호)은 경복궁으로 옮겨져 있다.

원공국사圓空國師(930~1018)는 법명은 지종智宗이고, 속성은 이씨이며, 본관은 전주이다. 지종의 선대 가계와 관력은 자세하지 않은 것으로 보아 한미한 지방 가문임을 알 수 있다. 937년(태조 20) 8살에 개경의 사나사舍那寺에 머물고 있던 인도승 홍범 삼장弘梵三藏에게 출가하였다. 사나사는 개경의 10대 사찰의 하나로 일찍이 해주 광조사의 이엄이 태조를 만나 주지하던 사찰이며, 후일 광종대 여주 고달사의 찬유와 봉암사의 긍양이 각각 국사와 왕사로 책봉될 때 머물렀던 곳이었다. 지종은 이러한 과정을 통해 고려 왕실과의 관계를 맺었다. 그 뒤 953년(광종 4) 형초迥超에게서 법인을 받았는데, 그는 희양산문 긍양의 법통을 이은 수제자였다. 지종은 형초를 통해 희양산문의 영향을 받았다. 특히 그는 오월吳越에 유학하여 영명사의 연수延壽 문하에서 2년 동안 법안종法眼宗을 수학하였고, 천태종의 본산인 국청사國淸寺의 정광淨光으로부터 천태교를 전수받았다.

고려에 귀국한 지종은 광종대 후반부터 법안종의 명맥을 유지하려고 노력하였다. 그러나 법상종이 문벌귀족의 후원을 받아 전성기를 누리자 천태종에 흡수되어 천태종 승려가 되었다. 그는 체관諦觀 이후 고려 초 천태학을 계승하면서 교종불교와 밀접한 법안종의 성행에 기여하였다.

원주 일대의 사찰은 다른 지역의 사찰보다 규모가 매우 크다. 그것은 나말여초에 고려 왕실의 후원으로 창건되었기 때문이다. 이곳에 머문 충담과 지종은 후삼국시기에 왕건의 귀의를 받고 고려 왕실과 밀접한 관계를 맺었고, 해린은 왕실은 물론 당시 최고의 문벌인 인주 이씨와 연결되었다. 곧 원주 지역에서 활동한 승려와 그들이 머문 사찰은 고려 왕실이 후삼국시기 판도를 유리하게 이끄는데 기여를 한 셈이다. 왕건은 이곳의 승려와 연결되어 남한강 유역을 따라 견훤군의 진출을 견제, 봉쇄할 수 있었고, 인주 이씨는 한강 수로를 통해 중부 내륙의 지방세력에 영향력을 미칠 수 있었다. 원주 일대의 사찰은 고려 왕실의 성장과 문벌귀족 가문의 활동에 전략적·정신적 기반이 되었다. 이러한 모습은 충주 일대의 사찰에서도 확인된다.

거돈사지 삼층석탑
원주시 부론면 정산리 거돈사지에 있는 통일신라시대의 탑이다. 보물 제750호인 석탑은 흙을 다진 위에 3단의 장대석을 네모로 쌓은 뒤 이층 기단에 삼층탑신을 올린 특이한 양식이다.

거돈사지 원공국사승묘탑비
거돈사지에 있는 탑비로, 원공국사 지종을 기리기 위해 1025년(현종 16)에 세웠다. 비문은 최충이 짓고, 김거웅이 글씨를 썼다. 현재 비문은 온전히 남아 있다.

충주 일대의 사찰들, 정토사·숭선사

나말여초에 건립된 충주 일대의 사찰로는 정토사·숭선사 등이 유명하다. 정토사는 충주시 동량면 하천리 부산 아래에 있던 통일신라 사찰인데, 조선 중기에 폐사된 것으로 보인다. 이곳은 토정 이지함이 '대길삼지大吉三地'라 하여 인심 좋고 살기 좋은 피난지로 세 곳을 정하였던 곳이다. 현재 공원으로 조성된 곳에는 법경대사 자등탑비만 남아 있고, 홍법국사 실상탑과 홍법국사 실상탑비(보물 제359호)는 경복궁에 있다.

정토사를 창건한 현휘玄暉(879~941)는 속성은 이씨이며, 본관은 남원이다. 898년(효공왕 2)에 가야산 해인사에 들어가 구족계를 받은 뒤 당나라에 건너가 도건대사道乾大師의 선종을 이었다. 귀국한 뒤 태조의 귀의를 받아 국사로 모셔졌고, 정토사에 머물면서 선종을 떨쳤다. 그는 성주산문의 선풍을 계승하였고, 왕건 및 충주 지역의 유력 세력들과도 깊은 인연을 맺고 있었다.

고려 전기 충주 지역 유력 세력과 관련된 사찰로는 숭선사가 있다. 수리산 남동쪽에 약 1만여 평의 넓은 경사면에 자리하였던 사찰로 지금은 터만 남았다.

정토사지 홍법국사실상탑
국보 제102호로 지정된 고려시대 대표적인 이형석탑이다. 현재 국립중앙박물관에 소장되어 있는 부도는 팔각원당형의 전형적인 부도 양식을 따르면서도 탑신이 둥근 공모양의 파격적인 모습을 하고 있다.

고려 광종 때 창건된 뒤 임진왜란 때 소실된 듯하다. 이 절은 한강 이남에서 최초로 확인된 고려시대 창건 사찰이라는 점에서 의의가 있다. 곧 광종의 어머니 신명순성왕태후의 명복을 빌기 위해 세운 원찰이기 때문이다. 광종은 어머니 유씨의 원당으로 개경의 불일사가 있는데도 954년(광종 5)에 다시 모후의 명복을 빌기 위하여 숭선사를 창건하였다. 광종의 어머니인 유씨는 태조의 제3비이며, 충주의 유력 세력인 긍달兢達의 딸이었다.

신라말 충주 지역을 장악하였던 충주 유씨는 900년(효공왕 4) 왕건에게 투항하면서 중앙정계에 진출하였다. 이후 유권설劉權說 등이 중앙 정계에서 활동하였다. 이러한 과정을 통해 충주 유씨는 왕건과 혼인하여 외척세력으로 중앙 정계에 큰 영향력을 행사하였고. 이들은 충주 인근의 정토사의 단월로 참여하고 있음을 볼 때 왕실과의 관계 뿐만 아니라 불교계에서의 역할도 매우 컸던 것으로 보인다.

북한강 유역의 대표적 사찰, 청평사

충주 일대 호족과 연고가 있던 인주 이씨는 북한강 유역에도 사찰을 건립하였다. 춘천의 청평사는 북한강 유역에 남아 있는 고려의 대표적인 사찰로, 이자현李資玄(1061~1125)이 창건하였다. 1069년(문종 23) 이자현의 부친인 이의가 이곳에 지방관으로 부임하면서 백엄선원 옛터에 보현원普賢院을 중건하였다. 그로부터 1089년(선종 6)에 이자현이 갑자기 벼슬자리를 버리고 청평산에 문수원(청평사)을 세우고 36년동안 이곳에서 수도하였다. 공민왕 때는 나옹이 2년동안 머물기도 하였다.

청평사 전경
춘천시 북산면 청평리 오봉산에 있는 절로, 973년(광종 24) 승현이 창건한 뒤 폐사되었다가 이자현이 문수원文殊院으로 중창하였으며, 1550년(명종 5) 보우가 청평사로 바꿔불렀다. 6·25전쟁 때 대부분의 건물이 소실되었다가 최근 복원되고 있다. 보물 제164호로 지정된 회전문은 사천왕문을 대신한 건물로, 현재 남아 있는 사찰 건물 중 몇 안되는 사례이다.

현재 절터에는 우리나라에서 유일한 회전문과 3층석탑, 그리고 고려시대 대표적인 정원의 형태가 남아 있다.

이자현은 이자연의 손자로 인종대 왕위계승을 둘러싸고 변란을 일으킨 이자겸李資謙과는 4촌간이다. 그는 왕실과 밀접히 관계를 맺은 당대 최고의 가문 출신이었지만, 벼슬을 버리고 권력으로부터 벗어나고자 경운산으로 들어갔다. 다만 예종의 초청을 물리치지 않고, 잠시 삼각산 청량사에 머물면서 왕과 함께 선학의 교리를 토론하기도 하였지만, 은거 생활을 버리지 않았다.

이자현은 불교의 이치를 깊이 연구하였고, 특히 참선을 좋아하였다. 또한 혜소나 탄연과 같은 선승들과 깊이 교유했다. 특히 《수능엄경》을 중시하여 능엄선을 열었으며, 선종 불교가 점차 퇴조하는 당시에 참선 수행에 열중하면서 거사불교를 일으켰다. 이러한 선종 부흥의 움직임은 훗날 보조지눌이 선수행을 강조하면서 수선사 결사를 여는데 영향을 미쳤다.

북한강·남한강 일대에 있는 고려시대 사찰은 고려 왕실과 인척들과 깊은 관련을 가졌다. 고려 왕실과 인척들은 고려 초부터 남한강과 북한강 유역에 사찰을 세우고 그곳을 통해 일대의 지방 세력과 연고를 맺으면서 지방 지배를 견고히 해갔다. 고려시대 북한강·남한강 일대의 사찰과 그곳에 머물렀던 승려의 활동은 이 시대 태백문화권의 역사적 중요성을 말해준다고 할 수 있다.

*** 자세히 들여다보기

김두진, 〈고려초의 법상종과 그 사상〉, 《한우근박사정년기념 사학논총》, 지식산업사, 1981
최병헌, 〈고려중기 현화사의 창건과 법상종의 융성〉, 위의 책, 1981
채상식, 〈정토사지 법경대사비 음기의 분석〉, 《한국사연구》 36, 1982
김두진, 〈고려 광종대의 법안종의 등장과 그 성격〉, 《한국사학》 4, 1983
최병헌, 〈고려 중기 이자현의 선과 거사 불교의 성격〉, 《김철준박사 회갑기념 사학논총》, 1983
김현길, 〈숭선사와 충주 유씨〉, 《김규택박사회갑기념 문화인류학논총》, 1989
김용선, 〈고려 전기의 법안종과 지종〉, 《강원불교사연구》, 소화, 1996
이인재, 〈나말여초 원주 불교계의 동향과 특성〉, 《원주학연구》 2001

태백의 풍류와 '관동별곡'

태백 경관의 상징, 관동팔경

산과 강, 바다가 잇닿아 있는 태백은 옛부터 경승지로 손꼽혔다. 특히 대관령 너머 동해바다를 배경으로 한 정자와 누대, 사찰 등 여덟 명승지는 '관동팔경'으로 불렸다.

관동팔경은 고려시대부터 널리 알려진 관동의 명승이다. 옛 사람들은 신성한 자연의 숲, 자연의 바다에서 자연의 신성함을 노래하고 경외감을 표현하면서 자연을 예찬하였다.

통천의 총석정叢石亭, 고성의 삼일포三日浦, 간성의 청간정淸澗亭, 양양의 낙산사洛山寺, 강릉의 경포대鏡浦臺, 삼척의 죽서루竹西樓, 울진의 망양정望洋亭, 평해의 월송정越松亭이 그것이다. 때로는 월송정 대신 흡곡의 시중대侍中臺, 양양의 낙산사 대신 청초호를 넣는 경우도 있다.

관동팔경은 일찍이 신라 화랑 영랑·술랑·남석랑·안상랑이 삼일포와 월송정에서 놀았다고 할 만큼 빼어난 경치를 자랑하고 있다. 관동팔경이 언제부터인지 세간에 회자되었는지는 확실하지 않지만, 대관령의 동쪽을 관동이라는 부르면서 만들어진 듯하다.

금강산 입구 해금강과 외금강에 있는 총석정과 삼일포를 제외하고

고성 청간정
고성군 토성면 청간리에 있는 정자로 관동팔경의 하나이다. 이곳은 일출과 월출, 바다 안개의 비경 때문에 관동팔경 가운데 가장 경관이 뛰어난 곳으로 손꼽혀 왔다. 조선 중종 때 최청이 중수하였고, 현재의 건물은 1980년 해체·복원된 것이다. 건물 바깥쪽에 걸려 있는 '청간정淸澗亭'이란 현판은 금강산에 머물다가 이곳에 들른 송시열이 쓴 것이다.

휴전선 이남 남한 땅에 있는 관동팔경 중 가장 북쪽에 위치한 곳이 청간정이다. 지금의 청간정은 1519년(중종 14) 간성군수 최청이 중수한 뒤 1884년에 불타 없어진 것을 1928년에 고쳐 세운 것이다. 이곳은 해돋이와 달 뜬 풍경이 너무나 아름다워, 송강이 "여러 마리 용이 해를 떠받친 듯, 온 세상이 흔들리는 듯"이라고 표현한 낙산사 의상대와 더불어 관동팔경 중 으뜸으로 여겨졌다. 예전에는 청간정과 함께 만경루와 만경대가 주변에 있었다고 하지만, 현재는 만경루는 없으며, 양사언楊士彦이 썼다고 전하는 만경대라는 현판만 남아 있다.

강릉 경포대는 경포호를 낀 산자락에 있는데, 신라 영랑선인永郞仙人이 놀던 곳이다. 1326년(충숙왕 13)에 강릉도안렴사 박숙정朴淑貞이 고을 사람들과 함께 옛자리에 창건하였고, 이후 여러 차례 중수되었다. 누대에 걸려 있는 '제일강산第一江山'이라고 쓴 현판은 주지번朱之蕃의 글씨라고 전하고 있다. 이곳은 율곡 이이가 어린 시절에 자주 들러 경치를 즐기고 시를 지었던 곳이다. 달이 뜨면 하늘과 바다, 경포호와 술잔에 모두 네 개의 달이 뜬다는 풍경 미학과 시정이 서린 곳이다.

삼척 죽서루는 '관동제일루'라 불리는 곳이다. 삼척시와 동해바다가 한 눈에 보이는 절벽 위에 건립되었는데, 17개의 기둥 가운데 9개의 기둥이 바위 위에 세워져 있으며, 17개 기둥의 길이가 모두 다른 점이 특이하다. 고려 충렬왕 때(1274~1308) 이승휴李承休가 세웠고, 1403년(태종 3)에 삼척부사 김효손金孝孫이 다시 고쳤다. 죽서루에는 두타거사 이승휴와 율곡 이이, 그리고 숙종과 정조가 지은 시가 전해오고 있다.

울진 망양정은 송강이 "바다 밖은 하늘인데, 하늘 밖은 무엇인가?"이라하여 세상의 절경을 떠난 경승지라 예찬했던 곳이다. 평해 월송정은 조선 성종은 화공이 그려 올린 모습을 보고 주변 경치에 감탄하여 "전국 정자 중 제일이다"고 칭찬했던 곳이다. 1326년(충숙왕 13)에 창건되어, 안축安軸이 이곳에 정자를 지으면 월송정의 운치와 같다는데 연유하여 월송정이라 하였으며, 신라시대 화랑들의 심신단련 유람지로 달 밤에 송림에서 놀았다 하여 월송정月松亭이라고도 한다.

관동유람기 관동별곡의 종류

관동팔경은 바다에 맞닿아 있으면서 자연경관과 누대樓臺가 조화를 이루고 있다. 사실 관동팔경은 일시에 이루어진 것은 아니다. 적어도 누대와 정자가 하나 둘씩 건립되고, 내노라 하는 시인 묵객이 이곳을 자주 찾게 되는 고려후기부터 만들어진 것으로 보인다.

조선시대에는 이이와 같은 명유의 출생지로, 허목의 동해척주비가 알려지면서 당시의 시인 묵객은 이곳들을 유람하고 기행문과 가사를 지었다.

기행가사는 '완상과 풍류'를 주제로 정계를 은퇴한 후 자연을 감상하고 표현한 시에 많이 나타난다. 그들은 벼슬자리에서 물러나면 고향으로 돌아와 자연을 감상하고 풍류를 즐기면서 한 세상을 보냈다. 때문에 '완상과 풍류'의 작가의식이 더욱 성행할 수 있었다.

사대부 문인들은 인공의 산을 만들거나 산수 유람의 글을 읽고 산수화를 걸어두는 방법을 통하여 간접적으로 자연을 감상하고자 하였으며, 이를 '와유臥遊'라고 하였다. 와유라는 말은 송나라 종병宗炳이 늙고 병들면 명산을 두루 보지 못하게 될 것이라 생각하고, 노년에 누워서 보기 위하여 유람하였던 곳을 모두 그림으로 그려 방에 걸어두었다는 일화에서 유래하였다.

고려시대와 조선시대 문헌에서 사용된 와유는 회화繪畫, 인공의 석가산石假山, 산수山水 유람 등 세 가지이다. 조선 전기 이래 원림園林의 경영과 함께 유행한 것이 석가산이다. 산수화 역시 와유의 수단으로 널리 애용되었다.

산수 유람을 대신할 가장 확실한 방법 중의 하나는 와유의 글, 곧 기

삼척 죽서루
삼척시 성내동에 있는 누각으로, 1266년(원종 7)에 이승휴가 이곳에서 시를 썼다고 전한다. 보물 제213호로 지정된 현재의 건물은 자연석 위에 기둥을 세운 독특한 구조로 만들어졌으며, 누각 안에 걸린 '제일계정第一溪亭'이란 현판은 허목의 글씨로 유명하다.

행문이다. 특히 17세기를 전후한 시기에 산수 기행이 크게 유행하면서 산수 유람 기행문 역시 성황을 이루었다. 앞의 관동팔경이 여덟 경치로 정착된 것이 어느 때인지 정확하지 않지만, 17세기 기행의 풍류가 사대부 사회에서 크게 일어나고, 18세기에는 기행문학으로 기행시가 보편화되면서 항간에 팔경이라는 것이 굳어지게 된 것이다.

이러한 과정에서 만들어진 유람기가 임춘의 〈동행기東行記〉, 이곡의 〈동유기東遊記〉, 안축의 〈관동와주關東瓦注〉·〈관동별곡〉, 남효온의 〈유금강산록〉, 정철의 〈관동별곡〉, 권계의 〈정미동유록기〉 등이다.

관동의 경관을 기술한 현전하는 유람기 가운데 가장 이른 것이 〈동행기〉이다. 임춘은 무인란 이후 개경에서 가족을 이끌고 영남 지방으로 피신해 7년여 동안 살았는데, 이 기간동안에 지어진 것으로 보인다. 그 내용에는 원주와 명주 그리고 죽령 일대를 유람하고, 간성을 보지 못한 것을 아쉬워하였다.

안축의 관동별곡은 1330년(충숙왕 17) 강원도존무사江原道存撫使로 파견되었다가 개경·학성(안변)·통천·고성·간성·양양·임영(강릉)·삼척·평해·정선으로 돌아오는 길에 《관동와주》와 함께 기술하였다.

안축과 절친하였던 이곡은 1349년(충정왕 1) 충목왕 사후 공민왕의 옹립을 주장하였다가 신변에 불안

•• 이곡의 유람 행로
송도 – 천마령 – 장양현長陽縣 – 절재[拜岾](표훈사·정양암·장안사) – 천마서령(단발령) – 통구 – 회양 – 철령관 – 등주(영흥) – 국도(등주) – 학포(원수대·총석정·금란굴) – 임도현 – 고성군 – 삼일포 – 고성(영랑호·낙산사·경포대·문수당) – 울진(성류굴)

강릉 경포대
강릉시 저동 경포를 바라보는 언덕 위에 누각으로 관동팔경의 하나이다. 1326년(충숙왕 13) 박숙정이 건립하였으며, 그 뒤 조선 중종 때 한급이 현 위치로 옮겼다. 내부에는 숙종이 직접 지은 시와 율곡이 지은 '경포대부' 등 여러 기문과 시판이 걸려 있다.

을 느껴 잠시 정계를 떠나 관동 지방의 여러 지역을 주유周遊하면서 〈동유기〉를 기술하였다.

안축과 이곡이 관동지역을 유람할 당시는 매우 혼란한 시기였다. 원이라는 외세의 압박과 이러한 외세를 등에 업은 권문세족과 친원세력의 횡포, 토지와 권세를 동시에 휘어잡던 사원세력, 계속되는 왜구의 침입 등 내우외환이 그치지 않았다. 백성들은 삶의 터전을 잃고 유리 걸식하거나 권문의 노복이나 소작인으로 전락하여 피폐한 삶을 영위하였다. 그러한 혼란기에 안축과 이곡을 비롯한 신진유학 관료는 중앙에서 소외되어 유람을 떠났던 것이다.

관동팔경을 예찬한 글은 조선시대에도 작성되었다. 대표적인 글은 송강 정철의 〈관동별곡〉이다. 관동별곡은 그가 45세 때 강원도 관찰사가 되어 관동을 유람한 것을 기술한 것이다. 그는 부임과 관내 여정과 금강산 유람, 그리고 관동팔경 유람 등 세번 이곳을 유람하면서 글을 지었다.

조선시대 기행가사는 백광홍白光弘이 1555년부터 다음해에 걸쳐 병마평사兵馬評事로 있던 황해도 등 관서지방의 자연과 인간살이를 살피며 지은 〈관서별곡〉이란 이름으로 최초로 작품화된다. 정철의 관동별곡보다 25년 앞선 이 작품은 기행가사의 효시로 평가받고 있다.

정철은 백광홍과 생전에 서로 알고 지냈으며, 백광홍의 아우 백광훈과는 절친한 친우 사이였다. 또한 백광홍은 정철의 제자인 송순宋純과 친분관계가 있었고, 송순과 술을 마시며 문장을 짓기도 하였다. 정철의 관동별곡이 관서별곡의 영향을 받았다고 할 수 있겠다.

그러나 관동별곡은 관서별곡보다 문학성이 뛰어나다. 정철은 관서별곡의 영향을 받아 관동별곡을 기술하였지만, 관동의 아름다운 경승을 노래하였을 뿐만 아니라 그 중간 중간에 목민관으로서의 각오, 포부 등을 녹여냈다. 관동별곡은 기행가사의 모범이 되었으며 강한 생명력을 가지고 구전될 수 있었다.

삼척 죽서루 옆 송강정철가사터비
관동별곡을 지은 송강 정철을 기념하기 위해서 최근에 세웠다.

*** 자세히 들여다 보기
이병기, 〈송강가사의 연구〉 1·3, 《진단학보》 4·6·7합, 1975
최강현, 〈관유가사소고〉, 《홍대논총》 11, 1980
방동인, 《영동지방 역사기행》, 신구문화사, 1995
이종묵, 〈조선시대 와유 문화 연구〉, 《진단학보》 98, 2004

정철의 관동별곡

관동별곡은 전라도 창평에 은거하고 있던 정철鄭澈(1536~1593)이 1580년(선조 13) 강원도 관찰사로 부임하면서 관동 일대를 유람하며 지은 글이다.

정철은 섬세하고 화려한 문체로 낭만적이고
호방한 자신의 기상을 잘 드러냈으며,
영탄법, 감탄법, 대구법, 생략법 등 다양한 수사법을 구사하여
뛰어난 문장력을 자랑하였다.
또한 경치를 객관적으로 묘사하는데 그치지 않고,
자연에 몰입하여 새로운 시경詩景과 시상詩想을 창조하기도 하였다.
유교의 충의사상과 애민사상, 도교의 신선사상 등이 담긴 관동별곡은
안축의 '관동별곡'에서부터 이어진 서정적 기행가사로,
우리 말의 아름다움을 승화시킨 정철의 대표적인 작품이다.

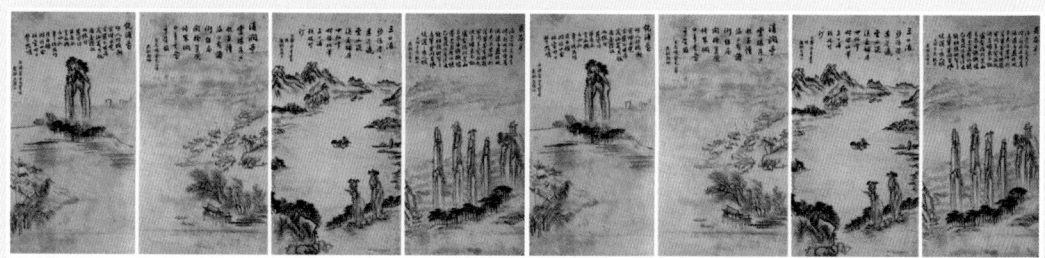

관동팔경도, 허필(1709~1768)__선문대 박물관

금강산에서 망양정까지

정철의 유람 행로는 관동을 향했지만, 물길과 산길을 따라 태백 일대를 거쳐 갔다. 서울에서 길을 떠난 정철은 양주의 평구역과 여주를 거쳐 원주의 섬강에 이르러 북한강을 따라 춘천에 이르렀다. 이곳에서 철원, 회양을 거쳐 금강산에 이르렀고, 내금강에 들어가서는 만폭동, 금강대, 진헐대, 개심대, 화룡소, 십이폭포의 경관을 한껏 조망한 뒤 동해로 나가 본격적으로 관동팔경을 유람하였다. 그의 유람 행로는 통천 총석정에서 고성 삼일포－간성 청간정－양양 낙산사－강릉 경포－삼척 죽서루－울진 망양정으로 이어졌다. 특히 마지막 유람지인 망양정에서 그는 동해에 뜬 달을 보며 꿈을 꾸면서, 꿈 속에서 만난 선인에게 선정을 베풀 것을 약속하며 글을 맺었다.

내금강 유람의 시작, 만폭동 폭포의 장관을 바라보다

감영 안이 무사하고 시절이 삼월인 이 때 화천 시냇길은 금강산으로 뻗어 있다.
봇짐을 간편히 하고 돌길에 지팡이 짚으며 백천동을 지나 만폭동으로 들어가니,
은 같은 무지개처럼 옥 같은 용의 꼬리처럼 아름답고 힘차게 튀는 폭포의 모습이야.
섞이어 돌며 내뿜어내는 소리가 십 리에 깔렸으니,
멀리서 들을 때는 우레 소리 같았는데 가까이서 바라보자 온통 하얀 눈날리는 듯하구나.

만폭동, 조정규趙廷奎(1791~1860이후)__국립중앙박물관

금강대의 선경仙境을 느끼다

금강대 꼭대기에 선학仙鶴이 새끼를 치니,
봄바람이 들려오는 옥피리 소리에 선잠을 깨었던지.
흰 저고리 검은 치마로 단장한 학은 공중에 솟아서 뜨니,
서호西湖의 옛 주인을 반겨서 넘노는 듯하네.

명경대, 미상 _국립중앙박물관

진헐대에서 금강의 봉우리를 조망하다

소향로봉과 대향로봉을 눈 아래 굽어보고, 정양사 진헐대에 다시 올라앉으니,
여산廬山같은 금강산의 참모습이 여기에서 다 보인다.
아아! 조물주가 야단스럽기도 야단스럽구나.
날거든 뛰지나 말거나 섰거나 솟지나 말거나 할 것이지,
부용을 꽂아 놓은 듯, 백옥을 묶어 놓은 듯, 동해를 박차는 듯, 북극을 괴어 놓은 듯하구나.
높구나 망고대여, 외롭구나 혈망봉이. 하늘에 치밀어 무슨 일을 아뢰려고,
오랜 세월 지나도록 굽힐 줄을 모르느냐? 아! 너로구나. 너같이 지조가 높은 것이 또 있는가?

보덕암, 김하종金夏鍾(1793~1875 이후)_개인 소장

태백의 지배 세력

개심대에서 금강의 일만이천봉을 바라보다

개심대 다시 올라 중향성 바라보며 일만이천 봉 우리를 똑똑히 헤아려 보니,
봉우리마다 맺혀 있고, 끝마다 서린 기운, 맑거든 깨끗하지나 말거나,
깨끗하거든 맑지나 말거나 할 것이지, 맑고 깨끗함을 지닌 산봉우리의 수려함이여.
저 맑은 기운을 흩어 내어 뛰어난 인재를 만들고 싶구나.
천지 생겨날 때 저절로 되었지만은, 이제 와서 보게 되니 모두가 뜻있게 만들어진 듯하구나.
비로봉 정상에 올라가 본 사람이 그 누구인가?
동산東山 태산泰山이 어느 것이 더 높던가?
노나라 좁은 줄도 우리는 모르거든 넓거나 넓은 천하를 공자는 어찌해서 작다고 했는가?
아! 공자의 저 높고 넓은 경지를 어이하면 알 것인가?
오르지 못하는데 내려감이 무엇이 괴이할까?

만물초, 미상__국립중앙박물관

화룡소를 보며 선정의 포부를 다지다

원통길로 가는 오솔길을 따라 사자봉을 찾아가니
그 앞의 넓은 바위가 화룡소가 되었구나.
마치 천 년 묵은 늙은 용이 굽이굽이 서려 있는 것 같이
밤낮으로 물을 흘러내어 넓은 바다에 이었으니,
용아! 너는 언제 바람과 구름을 얻어 흡족한 비를 내리려 하느냐?
그늘진 낭떠러지에 있는 헐벗고 굶주린 백성을 모두 살려 내려무나.

진주담, 김하종__개인 소장

십이폭포의 장관을 읊다

마하연 묘길상 안문재 넘어 내려가 썩은 외나무 다리를 건너 불정대에 오르니,
천 길 절벽을 공중에 세워 두고, 은하수 큰 굽이를 마디마디 잘라 내어,
실처럼 풀어서 베 헝겊처럼 걸었으니,
도경圖經에 그려진 십이폭포가 내 보기에는 여럿이구나.
이태백이 이제 있어서 다시 의논하게 되면,
여산 폭포가 십이폭포보다 낫다는 말을 아마도 못할 것이다.

은선대 망십이폭, 김하종 ─ 국립중앙박물관

동해로 가는 감회에 젖다

내금강의 경치만 매양 보겠는가? 이제는 동해로 가자꾸나.
가마를 타고 천천히 걸어서 산영루에 오르니,
반짝이는 푸른 시냇물과 여기저기서 우짖는 새는
나와의 이별을 원망하는 듯 깃발을 떨치니 오색이 넘나들며 노니는 듯
북과 피리를 섞어서 부니, 바다 구름이 다 걷히는 듯하구나.
모랫길에 익숙한 말이 취한 신선을 비스듬히 실어
바다를 곁에 두고 해당화 꽃밭으로 들어가니,
흰 갈매기야, 날아가지 마라. 내가 네 벗인 줄 어찌 아느냐?

해금강, 김하종__개인 소장

총석정의 장관을 읊다

금난굴 돌아들어 총석정에 오르니,
마치 옥황상제가 사는 백옥루白玉樓 남은 기둥 넷 서 있는 듯
공수가 만든 작품인가?
조화를 부리는 귀신 도끼로 다듬었는가?
구태여 육면으로 된 모습은 무엇을 본떴는가?

총석, 김하종__국립중앙박물관

삼일포에서 네 신선을 추모하다

고성을 저만치 두고 삼일포를 찾아가니,
영랑 무리가 남석南石으로 갔다는 붉은 글씨는 바위에 완연한데,
이곳을 유람한 영랑, 남랑, 술랑, 안상의 네 신선은 어디로 갔는가?
여기서 사흘 동안 머문 뒤 어디에서 또 머물렀는가?
선유담, 영랑호 거기에 가 있는가?
청간정, 만경대 몇 군데에서 앉았던가?

삼일호, 김하종__국립중앙박물관

태백의 지배 세력   193

의상대에서 일출을 바라보다

배꽃은 벌써 떨어지고 접동새 슬피 울 때,
낙산 동쪽 언덕으로 의상대에 올라앉아 일출을 보려고 한밤중에 일어나니,
상서로운 구름이 마구 피어나는 듯, 여섯 마리 용이 해를 떠받치는 듯,
바다에서 해가 떠날 때는 온 세상이 흔들리더니,
하늘에 치솟아 뜨자 가느다란 터럭도 모두 헤아릴 만큼 밝구나.
혹시 지나가는 구름이 해 근처에 머무를까 근심스럽네.
내 심정 읊은 이태백은 어디 가고, 그의 싯구만 남았느냐?
천지간에 굉장한 소식이 자세히도 표현되어 있구나.

낙산사, 김하종__국립중앙박물관

경포의 장관과 강릉의 미풍양속을 예찬하다

석양녘 현산峴山의 철쭉꽃을 계속 밟아 신선의 마차를 타고 경포로 내려가니,
십 리에 깔린 잔잔한 호숫물을 다리미질하고 또 다려
큰 소나무가 둘러싼 속에 한껏 펼쳐 있으니,
물결도 잔잔하기도 잔잔하구나. 모래를 셀 수 있을 만큼 매우 맑구나.
외로운 배를 타고 닻줄을 풀어 호수를 건너 정자 위에 올라가니,
강문교 넘은 곁에 동해 바다가 거기로다.
조용하구나! 이 경포의 기상이여. 넓고 아득하구나! 저 동해의 경계여.
이곳보다 아름다운 곳이 또 어디에 있단 말인가?
고려 우왕 때 강원감사 박신朴信과 기생 홍장紅粧의
사랑 이야기가 호사롭기도 하구나.
강릉 대도호는 풍속이 좋구나.
효자, 열녀, 충신을 표창하는 붉은 문이 고을고을마다 있으니,
즐비한 모든 집에 벼슬을 줄할 만하다는
요순의 태평성대가 여기도 있다고 하겠구나.

경포대, 허필__선문대박물관

죽서루에서 향수에 젖다

진주관 죽서루 밑 오십천을 흘러내리는 물이 태백산 비친 그림을 동해로 담아가니,
차라리 그 그림자를 한강의 남산에 대고 싶어라.
관원의 여행길은 끝이 있고, 풍경은 못내 좋으니,
그윽한 회포도 많기도 하고, 나그네 시름도 둘 곳이 없다.
신선이 탄다는 뗏목을 띄워 내어 북두칠성 견우성으로 향해 볼까?
네 신선을 찾으려 단혈이라는 동굴에 머물러 볼까?

죽서루, 강세황姜世晃(1713~1791)_국립중앙박물관

망양정에서 성난 파도를 바라보다

하늘 끝을 못내 보지 못하고 망양정에 오르니,
바다 밖은 하늘인데 하늘 밖은 무엇인가?
가뜩 성난 파도를 누가 놀래 주었기에
불거니 뿜거니 어지럽게 구는 것인가?
마치 은산銀山을 꺾어 내어 온 세상에 흘러내리는 듯,
오월의 아득한 하늘에 흰 물거품은 무슨 일인가?

망양정, 허필__선문대박물관

태백의 지배 세력

《제왕운기》를 낳은 천은사와 이승휴

두타산 고찰, 천은사와 이승휴

　백두산에서 시작된 백두대간은 동해안과 맞닿아 높은 산줄기를 이루며 남쪽으로 흐른다. 그 정맥은 태백산에서 서쪽으로 방향을 바꾸어 지리산까지 한반도 중부·남부를 가로지르면 수많은 산능선을 이루고 있지만, 그 지맥은 동해안을 끼고 부산 금정산까지 흐르고 있다. 바다와 가까이 흐르는 능선의 한 갈래에 계곡이 깊고 산줄기가 많은 두타산頭陀山이 있고, 이 산에는 천은사가 자리하고 있다.

　천은사는 고려 충렬왕 때 이승휴가 살았던 곳이며, 역사서 《제왕운기》의 산실이다. 천은사의 창건에 대해서는 두 가지설이 전해지고 있다. 하나는 8세기 중반 신라 경덕왕 때 인도에서 두타頭陀 삼선三禪이 흰 연꽃을 들고 와 주석하면서 백련대白蓮臺라 하였다는 설과 9세기 초반 흥덕왕 때 범일국사가 창건하였다는 설이다.

　두타 삼선은 인도에서 온 3명의 승려를 말하는데, 이 중 1명은 노란 연꽃을 가지고 와서 영은사靈隱寺를 지었고, 다른 1명은 검은 연꽃을 가지고 와서 삼화사三和寺를, 나머지 1명은 하얀 연꽃을 가지고 와서 이 절을 지었다고 한다.

창건 당시의 이름은 백련대였다. 이후 이승휴가 자신의 별장을 절에 시주하여 간장암看藏庵을 세웠고, 이승휴의 아들 임종林宗과 담욱曇昱이 중수하였다. 조선시대에는 1598년(선조 31)에 청허대사淸虛大師가 흑악사黑岳寺라 중수한 뒤, 1899년(고종 3)에 활기活耆에 있는 영경묘永慶墓를 중수할 때 조포소造泡所를 설치하면서 천은사라 고쳐 불러 현재에 이른다.

•• **조포소** 왕릉이나 세자·세자빈의 산소인 원소園所에 속하여 제사에 쓰는 두부를 만들었던 절

이승휴(1224~1300)는 경산(성주) 출신으로 가리 이씨의 시조이다. 그의 삼척과의 인연은 이곳이 그의 어머니의 고향이었기 때문이었다. 14세에 아버지가 죽자, 그의 어머니는 고향 삼척으로 내려갔고, 그는 종조모인 원씨元氏에게서 양육되었다. 29세의 다소 늦은 나이로 과거에 급제한 후 어머니가 있는 삼척현으로 돌아왔다가 몽골 침입으로 임시수도가 된 강화도로 돌아가는 길이 막히게 되자, 삼척 두타산의 구동龜洞에서 몸소 농사를 지으며 10년 가까이 어머니를 모시고 살았다. 이 기간에 삼척의 요전산성에서 몽골군과 싸우기도 했으며, 어머니와 노비들이 전염병에 걸려 고생을 하기도 하였다. 40세 때 당시 강원도 안집사 이심李深의 주선으로 강화에 돌아와 벼슬길에 나갔다.

충렬왕 때 합문지후·감찰어사를 거쳐 양광충청도안렴사楊廣忠淸道按廉使가 되어서는 뇌물을 받은 관리 7명을 탄핵하고 그들의 재산을 몰수하였다가 원한을 사게 되어 곧 동주부사東州副使로 좌천되었다. 이때부터 스스로를 동안거사動安居士라 하였다. 얼마 뒤 전중시사로 임명되었으나, 1280년(충렬왕 6) 감찰사의 관원들과 함께 국왕의 실정 및 국왕 측근인물들의 전횡을 들어 10개조로 간언하다가 파직되었다. 그뒤 삼척현의 구동으로 돌아가 은거하면서 당호堂號를 도연명陶淵明의〈귀거래사〉에 있는 구절을 인용하여 용안당容安堂이라 하고, 여기서《제왕운기》

와 《내전록內典錄》을 저술하였다.

1298년 충선왕이 즉위하여 개혁정치를 추진할 때 특별히 좌간의대부에 임명되어 최참·박전지·오한경·이진 등과 함께 개혁정치에 참여하기도 하였다. 그러나 충선왕의 개혁정치에는 충렬왕대에 국왕의 측근세력과 타협하면서 성장하였던 사람들이 대거 참여함으로써 한계가 있었다. 따라서 이승휴는 70세가 넘어 현관顯官에 제수되는 것이 국가의 제도에 어긋난다는 것을 구실로 거듭 사직을 요청하여 마침내 벼슬자리에서 물러났다. 1300년(충렬왕 26)에 77세를 일기로 운명하였다.

이승휴는 유학은 물론 불교와 도교 등 모든 사상을 섭렵하였으며, 41세의 늦은 나이에 관직을 얻어 정치활동을 하였지만, 청렴함과 곧은 성품으로 개혁정치를 추진하고자 한 인물이었다.

《제왕운기》에 나타난 이승휴의 현실인식

《제왕운기》는 상·하 양권 1책으로 되어 있다. 상권은 서序에 이어 중국의 신화시대부터 삼황오제·하·은·주 3대, 진·한·위·진과 송·제·양·진·수·당·오대·송·금을 거쳐 원의 흥기까지 이르는 역사를 칠언고시 264구로 읊어 놓았다.

하권은 동국군왕 개국연대東國君王開國年代와 본조군왕 세계연대本朝君王世系年代의 2부로 갈라 놓았다. 전자는 서문에 이어 지리기地理紀, 단군의 전조선, 기자의 후조선, 위만의 찬탈, 삼한을 이은 신라·백제·고구려의 삼국과, 궁예의 후고구려, 발해, 고려로 이어지는 역사를 칠언고시로 기술하고 있다. 후자 본조군왕 세계연대는 고려 시조 성골장군의

천은사 이승휴 유허

삼척시 미로면 내미로리 천은사 아래에 있는 동안거사 이승휴의 유허지이다. 이승휴는 이곳에 용안당을 짓고 삼화사에서 빌려온 대장경을 읽으며 《제왕운기》를 저술하였다. 현재 사적 제421호로 지정된 유허 옆에는 동안사라는 사당이 세워져 있다.

산신계 신화로부터 시작하여, 왕건 태조의 훌륭한 창업을 이어받은 제26대 충선왕에 이르는 제왕들의 치적과 실정, 그리고 신하들의 충성과 반역을 기술하고 있다. 그리고 하권도 상권과 마찬가지로 주석을 보충하여 우리나라 역사의 개요를 일목요연하게 서술하였다.

이승휴가 《제왕운기》를 찬술한 의도는 첫째, 당시 친원세력에 대항하여 왕실의 권위와 그 정통성을 내세우려 했던 것, 둘째, 이러한 현실

제왕운기
1287년(충렬왕 13) 이승휴가 칠언·오언의 시로 지은 역사서로, 우리 역사를 동아시아 주인공으로 자리하게 한 대표적인 책이다. 단군이 민족의 시조로 상징되어 고조선의 역사가 부각되고, 발해를 우리 역사에 포함시켜 요동까지가 우리 영토로 기술되었다.

을 직시하고 경계할 것을 충렬왕에게 직간하기 위한 것, 셋째, 왕권을 중심으로 한 강력한 국가질서를 회복하기 위한 가치관을 제시하려는 의도, 넷째, 친원세력의 비판을 통하여 원에 대한 저항의식을 포함하고 있다고 볼 수 있다. 이러한 저항의식은 힘의 약세 속에서 유구한 역사 전통에 대한 새로운 자각으로 발전되었을 것이다.

특히 두 차례에 걸친 원나라 사행을 통하여 그는 원의 거대한 영역과 문물을 보면서 고려가 중국 중심의 세계질서 속으로 흡수되어 버릴 것 같은 위기 의식을 느꼈다. 그 속에서 고려의 강역彊域과 역사를 지켜야 한다는 강렬한 자각의식이 싹텄다. 이것은 《제왕운기》의 상권에서 중국 역대 제왕의 흥망사를, 하권에서 시간적으로나 내용적으로 그에 응하는 우리나라 제왕의 흥망사를 서술한 것도 중국사를 통해 필요한 역사적 교훈을 얻어야 했기 때문이었다.

그는 중국사까지 서술 범주를 확대하였다. 그 이유는 당시 그가 경험했던 현실에서 찾아야 한다. 즉 송나라의 멸망과 원나라의 건국으로 고려왕조는 중국과 어떤 국제관계를 맺어야 하는가가 당면한 현실문제였다. 이것이 원나라 사행이란 개인적 경험과 결합되면서 중국적 세계질서를 새롭게 인식해야 할 필요를 느꼈기 때문이었다.

*** 자세히 들여다보기
 이우성, 〈고려중기의 민족서사시〉, 《논문집》 7, 성균관대, 1962
 유경아, 〈이승휴의 생애와 역사인식〉, 《고려사의 제문제》, 삼영사, 1986
 변동명, 〈이승휴의 제왕운기 찬술과 그 사서로서의 성격〉, 《진단학보》 70, 1990
 김인호, 〈이승휴의 역사인식과 현실인식 비판론의 방향〉, 《한국사상사학》 9, 1997
 조훈철, 〈백운산 천은사에 대한 고찰〉, 《실학사상연구》 14, 2000

박달재와 거란 잔당의 침입

울고 넘는 천등산 박달재

　제천시 봉양면 원백리와 백운면 평동리의 경계에는 구학산(971미터)과 시랑산(691미터) 사이의 폭 내려앉은 능선을 가로지르는 고개(504미터)로 박달재가 있다. 이 고개는 '박달령' 또는 '박달현'·'박달치'로 부르기도 했지만, 대중 가요인 '천등산 박달재'로 잘 알려져 있다.

　박달재는 13세기 초 거란의 10만 대군이 쳐들어왔을 때 김취려가 정상을 점령하고 좌우에 병사들을 포진시켜 거란병을 물리친 곳이다. 이 때 사로잡은 거란 병사들을 한 곳에 모아 장사를 하며 살게 하였는데, 지금 제천시 봉양면 공전리의 '글안장터'라는 지명이 거기에서 유래했다고 한다.

　이 고개는 1258년에 몽골군이 쳐들어왔을 때도 충주 지역의 별초군이 박달재에 복병을 두어 적을 막아냈던 곳이며, 등짐·봇짐 장수들이 넘나들던 장삿길로도 큰 몫을 했다. 특히 이 부근에는 옹기장수 이야기가 많은데, 초기 천주교 신자들이 우리나라 최초의 신학교를 세우고 옹기를 만들며 살던 배론이 이곳에서 동북쪽 5킬로미터 가량 떨어진 곳에 있다.

'울고 넘는 박달재'에는 박달도령과 금봉낭자의 애절한 사랑이야기가 전해져 온다. 조선 중기 경상도의 젊은 선비 박달은 과거를 보기 위해 한양으로 가던 도중 제천시 백운면 평동리에 이르렀다. 해가 저물어 어느 농가를 찾아가 하룻밤 묵었고 그 집 딸 금봉이와 눈이 맞아 백년가약을 약속하고 한양으로 떠났다. 한양에서 자나깨나 금봉이 생각뿐인 박달은 과거시험에 낙방했고, 박달재 서낭당에 올라가 장원급제를 빌던 금봉은 상사병으로 죽었다. 낙방거사가 되어 돌아오던 박달은 금봉이가 죽었다는 소식을 듣고, 박달재 고갯마루에서 금봉이의 환영을 쫓아가다 낭떨어지로 떨어져 죽었다는 애닲은 사연이다.

실제로 박달재에는 유난히 슬픈 사연들이 많다. 신라의 마지막 왕인 경순왕이 고려 태조 왕건에게 나라를 넘기기 위해 피눈물을 뿌리며 박달재를 넘었고, 수양대군에게 왕위를 빼앗긴 어린 단종도 영월로 유배될 때 눈물을 삼키며 이 고개를 넘었다. 1791년 신해박해와 1846년 병오박해 때 천주교도들이 박해를 피해 제천시 봉양면 구학리 배론성지를 찾아가기 위해 이 고개를 넘기도 했다.

박달재 전경
제천시에 있는 고개로 제천에서 서울로 이르는 지름길이었다. 1217년(고종 4) 7월 김취려가 10만의 거란군을 물리친 전승지이기도 하다.

고갯마루에 오르면 옛 성황당이 있던 오른쪽 산등성이에 박달이와 금봉이의 동상이 중원평야를 굽어보고 있고, '울고넘는 박달재' 노래비와 박달재 표지석이 있다. 박달재의 역사적 관심은 고려시대에 시작되었다.

거란 잔당의 침입과 박달재 전투

몽골 평원에 자리잡은 유목 민족이었던 몽골족은 오랫동안 요·금의 지배를 받고 있었다. 그러다 13세기 초에 테무친이 등장하면서 주변 부족을 통일, 강력한 세력을 구축하였다. 칭기즈칸의 지위에 오른 테무친은 중국 대륙의 남송과 금, 그리고 몽골의 서쪽에 있는 서하에 대한 정복 사업에 나섰다.

이때 금의 지배를 받던 거란족 야율유가耶律留哥가 원의 금에 대한 침입을 틈타, 1212년 반란을 일으켜 원에 투항하여 요왕이 되었다. 이후 야사불耶斯不이 다시 거란족을 통솔하여 스스로 황제라 하고 대요수국을 세웠다. 야사불이 그의 부하에게 피살되자, 걸노乞奴가 거란의 무리들을 통솔하였다. 원에 투항하였던 야율유가가 도리어 거란 유종을 공격하자, 걸노는 금산金山·금시金始 등 두 왕자와 아아鵝兒·통고여統古與 등과 더불어 1216년(고종 3) 8월 압록강을 건너 의주 부근의 대부영大夫營으로 침입하면서 고려와 거란군의 전투가 시작되었다.

고려 조정은 노원순을 중군병마사, 오응부를 우군병마사, 김취려를 후군병마사로 하는 중군·우군·후군의 3군을 편성하여 거란군을 막았다. 9월 고려 3군은 연주延州에서 개평역과 원림역原林驛에 주둔하고 있던 거란군을 세 차례의 접전 끝에 섬멸했다. 이 싸움에서 아군도 피해를 입어 김취려의 큰 아들이 전사하고, 묘향산의 보현사가 불타기도 하였다.

거란 잔당의 침입로

그러나 거란의 후속군이 들어와 11월에는 안정(평원)·임원(평양)을 거쳐 12월에는 황주에 들어왔다. 이듬해 정월 거란군이 개경에 출몰하자 백관들을 모두 성 밖으로 내보내어 지키게 하고, 또 성 밑의 민가를 헐어 참호를 파도록 하였다. 3월에 고려의 5군이 태조탄太祖灘에서 적의 기습으로 크게 패하고, 김취려만 홀로 적을 막았으나, 그 사이에 거란군은 국청사에 출몰하여 약탈을 자행하였다.

거란군은 우봉현을 거쳐 장단·적성을 거쳐 5월 4일에는 동주(철원)를 함락시키고, 남쪽으로 내려와서 원주를 쳤다가 이기지 못하고 횡천(횡성)에 주둔하였다. 거란군이 횡천에 주둔하는 동안 동주와 횡천, 원주 일대는 모두 그들의 세력권하에 두게 되었다. 마침내 안양도호부(춘천)가 거란군에게 함락되었고, 이어서 중앙 관군의 지원도 없이 고립된 채로 9번이나 거세게 싸움을 벌였던 원주도 23일에 함락되고 말았다.

7월 5일이 되어서야 고려군이 거란군을 원주의 법천사로 추격하고, 이어서 제천의 박달재까지 계속되었다. 거란군이 박달재에 도착하기 전에 고개에서 매복하려 하자, 최원세崔元世가 "고개의 정상은 대군의 머물 곳이 못된다"고 반대하고 산 아래에 주둔하고자 하였으나, 김취려가 "용병술은 비록 사람들의 화합이 귀한 것이나 지리地理도 또한 가

태백의 지배 세력 207

벼이 보지 못할 것이다. 적이 만일 먼저 이 고개를 점거하고 우리가 그 아래에 있으면 원숭이와 같이 민첩하다 하여도 또한 지나가지 못할 것인데 더구나 사람이랴" 하고, 고개에 올라 매복하였다.

이튿날 새벽에 적이 남으로부터 전진하여 공격하자, 최세원 등은 장군 신덕위·이극인으로 좌측을, 최준문·주공예에게 우측을 담당하게 하고, 김취려가 중앙에서 병사들과 함께 죽음을 무릅쓰고 막아내어 승리를 이끌었다. 김취려 장군이 지휘한 이 전투에서 고려군이 결정적인 승리를 거둠으로써 거란군의 남진을 저지할 수 있었다.

박달재 전투에서 패한 거란군은 쫓겨 대관령을 넘어 명주와 인제 쪽으로 도망해 회양을 거쳐, 함주(함흥)를 통해 여진땅으로 들어가고 다른 일부는 서북면의 거란군과 합세해 강동성江東城으로 들어갔다. 거란군의 다른 한 갈래는 바닷가를 따라 양양으로 들어갔다가 주민들의 거센 항전에 크게 고전하다가 통천(금양)을 거쳐 함경도쪽으로 북상해 여진의 땅으로 되돌아 갔다.

이후 여진의 갈라전曷懶甸 지방에 들어갔던 거란족이 여진의 군사를 얻어 세력을 회복하고, 1217년 10월에 장성을 넘어 침입하여 강동성에 웅거하자, 1219년에 고려·몽골·동진국의 연합군에 의해 강동성의 거란족을 완전히 소탕하였다.

강화 직후 몽골은 거란인의 부녀와 어린 남자아이 7백 명만을 고려에 남기고 소수는 전공의 대가로 조충과 김취려에게 주고, 나머지는 모두 내몽골의 파림巴林에 이주시켰다. 이에 조충과 김취려는 거란인 포로를 모두 고려의 백성으로 삼아 각 도의 주현에 토지를 나누어 주어 농사를 지으며 모여 살게 하였는데, 이를 '거란장契丹場'이라고 불렀다고 한다.

3년 동안 고려에 침입하여 소란을 피우던 거란의 난은 일단락되었지만, 고려와 원은 형제의 맹약을 맺는 등 강동성 전투는 양국이 최초로 외교적인 접촉을 갖는 계기가 되었으며, 이 맹약으로 인해 몇 년 뒤 고려는 정치·경제적으로 원의 간섭을 받는 굴욕적인 외교관계를 맺게 되었다.

또한 이 지역은 합단적哈丹賊의 침입과 원주 항전이 이루어진 곳이기도 하다. 합단적의 침입은 1290년(충렬왕 16) 원나라의 반군 내안乃顏의 부장이었던 합단이 만주에서 반란을 일으켜, 원나라 장수 내만대乃蠻帶에게 패배한 후 고려의 동북면 지역을 침입하면서 시작되었다.

합단의 무리는 원나라의 쌍성을 점령하고 고려의 등주(안변)를 함락하였으며, 이듬해 철령을 넘어 교주도交州道로 들어와 양근楊根·원주를 함락하고 충주를 거쳐 연기에까지 침입하였다. 이에 충렬왕은 강화로 피란하는 한편으로 원주 별초 소속의 원충갑이 원주에 들어온 적을 물리쳤고, 연기 등지에서는 한희유韓希愈의 활약이 컸다.

1년 6개월 동안의 합단적과의 싸움은 쿠빌라이의 중앙집권화를 관철시키는 정책의 집행과정에서 일어난 원 종실 왕들의 반란을 고려와 몽골이 합세하여 진압해 막아낸 점에 의의가 있다.

*** 자세히 들여다보기

김상기, 《신편 고려시대사》, 1985
주채혁, 〈중세의 강원〉, 《강원도사》 1995
이인재, 〈1291년 카단의 치악성침입과 원충갑의 항쟁〉, 《한국사상과 문화》 7, 2000
이인재, 〈원충갑(1250~1321)의 생애와 활동〉, 《매지논총》 2003

왕조의 끝과 새로운 시작의 터전

비운의 왕, 공양왕릉

동해안을 바라보는 삼척시 근덕면 궁촌리 추천동에는 고려 마지막 왕인 공양왕의 무덤이 있다. 이 곳 사람들이 공양왕릉이라 믿는 큰 무덤 주변에는 3개의 크고 작은 무덤이 더 있다. 사람들은 이 무덤이 왕비와 세자, 세자빈의 무덤일 것으로 생각하고 있다.

공양왕릉은 삼척 이외에 경기도 고양에도 있다. 이런 혼란은 공양왕릉의 위치에 관한 기록이 분명하지 않은 데서 비롯되었다.

《태조실록》의 공양왕에 대한 기록은 그가 반역을 모의해 두 아들과 함께 삼척에서 죽었다고 하였을 뿐 그 주검의 처리나 무덤의 위치 등에 관한 내용은 들어 있지 않다. 그 뒤 《태종실록》에 공양왕이 죽은 지 22년 만에 왕으로 복위됐다는 기록이 보이지만, 여기서도 무덤의 소재에 대해서는 밝히지 않고 있다. 《세종실록》에 와서야 비로소 "안성군 청룡사에 봉안했던 공양왕의 어진(초상)을 고양현 무덤 곁에 있는 암자로 옮기라고 명령했다"는 기록이 있어 공양왕릉의 위치가 현재의 경기 고양시임을 처음으로 비치고 있다.

공양왕은 삼척에서 죽어 묻혔다가 태종 때 복위를 전후해 고양으로 이장되었을 것으로 본다. 현재 고양시의 공양왕릉은 1970년 사적 191호로 지정된 뒤 1999년 대대적으로 정비되었다.

공양왕은 이름이 요瑤이고, 신종의 7대손으로 정원부원군定原府院君 균鈞의 아들이며, 어머니는 국대비 왕씨國大妃王氏이다. 1388년(우왕 14) 위화도회군을 성공리에 마친 이성계는 창왕을 왕위에 올리고, 군사적 기반 위에서 정도전·조준 등의 지지에 힘입어 정치적 기반을 확고히 다져갔다. 그러나 1389년 11월 이성계를 죽이고 우왕을 복위시키려 한 김저金佇의 사건이 일어나자 창왕을 바꾸고 정국을 개편할 필요를 느꼈다. 그래서 흥국사興國寺에 정몽주를 비롯한 8명의 대신들을 소집하여 창왕 폐위를 논의하였다. 이 과정에서 등장한 명분이 '우창 비왕설(우왕·창왕이 가짜 왕씨라는 설)'이었다. 그리고 신종의 7대손 정창군 요를 공양왕으로 내세웠다.

공양왕은 개인적으로는 이성계와 인척관계에 있었고, 이성계의 집권에 방해가 되지 않을 인물이었기 때문에 추대된 것으로 보인다. 그리고 이성계 일파는 후환을 막기 위하여 우왕과 창왕을 죽였다.

이성계는 이와 같이 반대파를 제거하는 한편 공양왕을 즉위시키면 자신의 의도대로 정국을 주도할 수 있으리라 생각하였다. 그러나 이색이 공양왕과 함께 정계를 주도하자, 이성계는 자기 세력의 결속과 정국의 위기를 극복하기 위해 이색·조민수·권근·이숭인 등 13명을 우창당 사건에 연루하여 제거하였다. 그런데 공양왕 추대의 공신이기도 한 심덕부·지용기·박위 등이 이 사건에 연루되었다는 것 등은 이성계 세력 내부, 특히 무장세력 내부에 분열과 대립이 생겼음을 보여준다. 이러한 반발에 대하여 이성계는 하급 사병까지 철저하게 숙청하는 등 매우 강

삼척 공양왕릉

강원도 삼척시 근덕면 궁촌리에 있는 고려왕조 마지막 왕, 공양왕의 묘이다. 묘소에는 모두 4기의 묘가 있는데, 가장 남쪽에 있는 것이 공양왕릉이며, 나머지는 왕비와 세자·세자빈의 무덤이라고 전한다.

경한 조치를 취하였다. 1391년(공양왕 3)에는 이성계가 서울과 지방의 군사를 모두 통솔할 수 있게 되었다.

공양왕은 고려 왕조를 중흥하려는 정몽주 세력과 제휴하였으나, 정몽주 마저 제거되자 1392년 7월 동맹의 형식을 빌어 이성계에게 고려 왕조를 유지할 것을 부탁하였다. 그러나 정도전·남은·조준·배극렴 등은 공양왕을 폐위시키고 이성계를 왕으로 추대할 것을 모의하였다. 그들은 공민왕비인 정비 안씨를 찾아가 공양왕의 폐위와 이성계의 옹위를 명령하는 교지를 요청하였다. 결국 정비가 이를 수용함으로써 이성계가 고려 국왕에 오르게 되었다. 왕씨를 대신해 이씨 왕조가 열린 것이다. 그리고 이듬해 1393년 2월 국호를 '조선'으로 정했다.

천명을 잃었다는 이유를 붙여 폐위된 공양왕은 원주·간성·삼척으로 유배지를 옮겨다니다가 1394년 4월 50세를 일기로 사사되었다. 그의 부인은 창성군 노진의 딸이었으며, 아들(세자 석) 하나와 세 딸이 있었는데, 모두 공양왕과 함께 삼척에서 사사되었다. 그는 죽임을 당한 지 22년 만인 1416년(태종 16) 공양왕으로 복위되었다.

조선 왕조의 시작, 준경묘와 이안사

삼척은 비운의 왕, 공양왕이 죽었던 곳이지만, 조선 왕조가 개창되는 터전이기도 하였다. 곧 삼척시 미로면 활기리에는 이성계의 고조인 목조穆祖 이안사李安社가 살던 집터와 그의 아버지 이양무의 무덤인 준경묘濬慶廟, 어머니의 무덤인 영경묘永慶墓가 있기 때문이다.

준경묘는 풍수지리와 관련되어 있는데, '백우금관白牛金冠'의 전설이 전한다. 즉 이안사가 아버지의 묘 자리를 구하려고 이산 저산을 뒤지면서 여러 곳을 살펴보았지만 마땅한 자리를 구하기 어려웠다. 마침 활기리 노동 산마루에 이르러 잠시 쉬고 있는데, 어느 도승이 제자와 함께 지나가면서 한 곳을 가리키며 "대지로다!" 감탄을 하면서 "이곳에 장사를 지내려면 소 백 마리를 잡아 장사지내고, 반드시 황금관으로 해야 5대손 때 왕자가 출생하여 기울어 가는 나라를 새로 세울 수 있는 창업주가 될 것이다"하고는 사라져 갔다. 가난했던 이안사는 백우百牛(백마리 소)를 백우白牛(흰 소)로 대신하여 처가의 흰 소를 잡고, 금관은 황금색 귀리 짚으로 대신하여 제를 지냈다고 한다. 이 백우금관의 전설에 따르자면 조선왕조의 개국은 이안사가 발휘한 기지 때문이라 하겠다.

이안사는 원래 전라도 전주에서 살았다. 그는 18세에 전주 관기官妓 하나를 총애하고 있었다. 그러던 어느 날 지주사知州事가 전주의 안렴사로 부임하는 산성별감山城別監을 접대하기 위해서 그 관기에게 수청을 들게 하였다. 평소 지주사와 사이가 좋지 않았던 이안사는 이 일로 크게 싸웠다. 그러자 지주사는 안렴사와 의논하여 역적으로 음해하기 시작했다. 그 구실은 전주 이씨 3세 천상天祥의 묘가 기린산 왕자봉 밑에 있는데 후손 중에 왕이 나올 자리라는 소문과 이李씨가 왕이 된다는 목자득국설木子得國說이었다. 이는 역적으로 몰기 위한 것으로 고려 조정에까지 알려지면 임금을 모독한 죄로 가문의 파멸을 피할 수 없었다. 할 수 없이 이안사는 병든 아버지를 업고 모든 식솔들을 거느리고 밤을 틈타 삼척으로 옮겼다.

그러나 이안사가 20여 세의 나이로 산성별감과 기생 때문에 말썽이 생겨 그를 따르는 170여 호를 이끌고 이 지역으로 옮겼다는 것은 신빙성이 떨어진다. 실제로는 1231년 고려·몽골전쟁 직후의 일로 보여지며, 강화 천도로 고려 중앙정부와 이해가 상충하는 지방세력들(홍복원, 조휘, 탁청 일가) 처럼 몽골에 투항하는 분위기 속에서 이루어진 것으로 보인다.

몽골군의 침략을 피해 두타산성에 입보入保해 있던 이안사는 때마침 전날의 산성별감이 안렴사로 임명돼 뒤따라 이곳에 이르게 되자, 가솔과 휘하를 이끌고 동북면 덕원德源으로 옮겨가 살게 됐다. 그는 휘하의

준경묘
삼척시 미로면 활기리에 있는 조선 태조 이성계의 5대조 이양무의 묘이다. 1899년에 묘소와 함께 재각, 비각 등이 세워졌으며, 이곳의 소나무들은 대원군이 추진한 경복궁 중수 때 자재로 쓰였다고 한다.

인력과 동북면의 현지인들을 규합해 옮겨온 지 1년을 전후하여 이미 큰 세력을 이루고 있었으므로, 고려정부는 그를 의주병마사로 임명하여 고원高原에 병영을 두고 몽골군의 침략을 막게 했다.

당시 동북면으로 침입하는 몽골군과 대항하여 싸우던 동북면병마사 신집평愼執平의 무리한 입도작전入島作戰으로 주민의 반감을 사서 곤경에 빠져 있던 중 조휘趙暉와 탁청卓靑이 신집평을 살해한 뒤 몽골에 투항하였다. 몽골은 화주和州에 쌍성총관부雙城摠管府를 설치하고 조휘를

총관, 탁청을 천호千戶로 삼았다. 이로써 이안사가 머무르고 있던 의주는 쌍성총관부에 예속되었고, 그가 거느린 유민 집단은 원나라의 개원로開元路에 편입되어 원나라 장수 산길散吉의 휘하에 속하게 되었다. 산길은 이곳에서 점차 세력이 확장되고 있는 이안사를 견제하기 위하여 그를 회유, 의주에서 개원로 남경南京의 알동斡東으로 옮기게 하고 다루가치達魯花赤를 겸하게 하였다.

1356년(공민왕 5) 공민왕의 반원개혁이 전개되면서 밀직부사 유인우柳仁雨를 동북면병마사로 삼고, 공천보貢天甫, 김원봉金元鳳을 부사로 삼아 쌍성총관부를 수복하게 하였다. 이때 총관 조소생趙小生과 천호 탁도경卓都卿이 저항하였으나, 조휘의 손자 조돈趙暾과 이미 공민왕에게 귀부한 토착 천호 이자춘李子春이 내응하여 탈환하였다. 1335년 화령부(영흥)에서 이자춘과 최한기의 딸 최씨 사이에서 차남으로 태어난 이성계는 1362년 쌍성총관부를 재탈환하기 위해 침입한 나하추 부대를 격퇴시키면서 장수로서의 능력을 인정받게 된다. 그리고 1388년(우왕 14) 위화도회군을 강행하여 고려 정권을 완전히 장악한 다음 1392년 조선을 건국하여 왕에 올랐다. 도승의 예언대로 백우금관으로 이양무 묘를 쓰고 나서 5대 162년 만에 조선조 창업의 태조太祖가 된 것이다.

태조 이성계는 삼척군을 목조 이안사의 외향外鄕이며 선대 묘가 안치된 곳이라 하여 군郡에서 부府로 승격시키고 홍서대紅犀帶를 하사하였다. 그러나 목조인 이안사가 함경도로 이주하고 오랜 세월이 지났기 때문에 묘를 찾기가 쉽지 않았다. 태조를 비롯한 태종·세종 등 역대 왕들이 선조인 이양무 묘소를 찾으려고 부단히 노력하였다고 한다. 결국 묘를 찾기는 했으나 그 진위가 분명치 않아 고심하다가 고종 때에 이르러 이곳을 대대적으로 정비하고 준경이라는 묘호(廟號)를 내렸다.

묘소 일대는 울창한 송림이 원시림 상태로 우거져 있는데 특히 이곳 송림은 황장목이라 하며 경복궁 중수 때 자재로 사용하였다. 전주이씨의 시조묘로는 남한에서 가장 오래된 시조묘이며 해마다 4월 20일 전주이씨 문중 주관으로 제례를 지낸다. 강원도기념물로 지정된 뒤 1984년 8월에 삼척시에서 제각·비각·재실·홍살문 등을 일제히 보수하였다. 재실에서 마을 위쪽으로 올라 가다가 활기분교 조금 못미쳐 오른편에 축대가 쌓여 있는 곳에 목조의 집터가 남아 있다.

*** 자세히 들여다보기

원영환, 〈목조의 활동과 [홍서대]고〉, 《강원사학》 9, 1993

배재홍, 〈조선 태조 이성계의 목조 이안사와 삼척〉, 《조선사연구》 12, 2003

홍영의, 〈고려말 공양왕대 신흥유신의 대립과 정치운영론〉, 상·하, 《사학연구》 75·76, 2004·2005

태백의 다양한 사림문화

태백문화권은 한양으로 연결되는 수로가 발달하면서
조선 경제 발전의 배후지가 되었다.
발달한 교통로를 따라 태백에는 남인에서 노론에 이르기까지
다양한 사림문화가 꽃피웠고,
조선 후기에 이르러 위정척사사상의 중심지가 되었다.

조선왕조실록과 오대산사고

세계기록유산, 《조선왕조실록》

조선왕조실록은 조선 태조로부터 철종에 이르기까지 25대 472년간의 역사를 연월일의 순서에 따라 기록한 책이다. 총 1,707권 1,188책(약 6,400만자)에 이르는 방대한 기록일 뿐만 아니라, 조선시대의 정치·외교·경제·군사·법률·통신·종교·문화 등 여러 방면의 역사적 사실을 망라하고 있어 세계적으로 유례를 찾기 어려운 역사기록물이자 우리 민족의 소중한 문화유산이다. 현재 국보 제151호로 지정되어 있고, 1997년 9월에는 유엔 유네스코산하 세계유산위원회(WHC)에 의해 세계기록유산으로 등재되었다.

조선은 세계사에서 유례없는 중앙집권적 문치주의 국가를 이룩했다. 유교를 이념으로 하는 문치주의 국가에서는 무력보다 유교 경전과 역사가 중시되었다. 무력으로 정권을 유지하는 무인 정권과는 달리 문인 정권에서는 이론이 중요시되었다. 문인 정권은 그 이론의 바탕을 유교 경전과 역사에서 구했다. 유교 경전과 역사 위에 율령이나 사회 윤리를 적용해 나간 것이다.

문치주의 국가에서는 또한 정통正統이 중시되었다. 왕위 계승 관계에서의 왕통, 사제 관계에서의 학통, 가족 관계에서의 가통이 그것이다.

왕통은 종묘에서, 학통은 문묘나 서원에서, 가통은 가묘에서 숭상되었다. 이러한 통統의 관념에서 그 이론을 뒷받침해주는 유교 경전과 역사가 중시되었다. 문치주의에서 역사가 유달리 강조된 것은 바로 이러한 이유들 때문이었다.

조선의 왕들은 역사를 두려워하며 중시하였고, 역대 왕조보다 실록 편찬에 심혈을 기울였다. 실록은 조선 문치주의의 산물이자 바로 그 문치주의를 유지해온 토대이기도 했다. 이로 인해 조선왕조실록이라는 방대한 편년체 역사서가 편찬될 수 있었다.

중국에도 오래전부터 실록이 편찬되어 왔으나 현존하는 것은 명나라 실록과 청나라 실록 뿐이다. 그러나 이것들은 국가 정책에 관한 내용만을 수록하고 있을 뿐 조선왕조실록처럼 사회·문화·경제·군사·외교 등에 관한 세세한 내용을 담고 있지 못하다. 따라서 조선왕조실록은 그 양이나 질에 있어서 세계 제일이라고 할 수 있다. 그 때문에 세계기록유산으로 지정되는 영예를 차지할 수 있었다.

실록의 편찬과 사고

실록은 왕이 죽은 후 다음 왕대에서 그 전대 왕 때 있었던 일들을 연월일별로 기술한 책이다. 실록 편찬에는 당시의 일을 기록한 시정기와 승정원일기, 각 아문의 등록, 사관史官이 집에 보관하고 있던 사초史草(가장사초라고 함) 등이 이용되었다. 특히 사관의 가장사초에는 사건에 대한 시비나 인물에 대한 평가 등이 수록되어 있기 때문에 사평史評은 대부분 이 사초를 근거로 하고 있다.

●● 시정기 사관이 역사에 남을만한 것을 추려 적은 기록

●● 사평 사론이라고도 하며, 사관이 자신의 주관을 갖고 당시 사건에 대해 논평한 것

실록 편찬은 춘추관에서 주관하였다. 춘추관에서는 의정 대신 중에서 임시로 총재관 한 사람을 임명하고, 대제학 등 글 잘하는 사람들을 당상과 낭청에 임명하였다. 이들을 몇 개 방으로 나누어 앞 부분부터 분담해서 편찬하게 하였다.

각 방의 당상은 낭청과 더불어 초고본인 초초初草를 작성하고, 이것을 담당관들이 늘리고 깎아서 두 번째 초고본인 중초中草를 만들며, 이를 총재관 등 대신이 감수하여 정본인 정초正草를 만들어 춘추관과 각 사고史庫에 보관하였다. 실록 편찬이 완료되면 시정기와 초초·중초는 자하문 밖 세검정 부근 차일암에서 물에 불려 글씨를 흘려보내고[洗草] 종이는 다시 썼다.

완성된 실록은 몇 개의 사고에 보내어 보관하였다. 조선시대 사고는 몇 차례 변화하였다. 세종 때 《태종실록》을 편찬할 때까지 궁궐 내의 내사고內史庫와 외사고 뿐이었다. 내사고는 고려시대의 것을 개경에서 한양으로 옮겨왔을 뿐이고, 외사고는 충주사고를 그대로 썼다. 외사고는 혹시 있을지 모를 내사고의 재앙을 대비해 설치한 것이었다. 그 뒤 1439년(세종 21) 경상도 성주와 전라도 전주에 사고를 더 지음으로써 내사고인 춘추관 실록각實錄閣과 외사고인 충주·전주·성주의 사고가 정비되어 4개의 사고가 운영되었다.

지방에 사고를 설치한다고 해도 반드시 안전하지는 않았다. 특히 사고가 읍내의 여염집과 나란히 있어 화재가 날 위험이 높았다. 또 충주·전주·성주가 교통의 요지여서 만약 전란이라도 있게 되면 소실될 우려가 높았다. 이런 우려는 현실로 나타나 1538년(중종 33) 성주사고의 화재로 그곳에 보관된 실록이 모두 불탔으며, 임진왜란 때에는 전주사고

●● 세검정 서울 종로구 신영동에 있는 정자. 인조반정 때 이곳에서 광해군의 폐위를 논의하며 칼을 갈아 날을 세웠다고 하여 세검洗劍이라고 불렀다. 그 뒤 조선 숙종 때 북한산성을 축조하면서 군사들의 휴식처로 쓰였다. 현재 건물은 1941년에 소실된 것을 1977년에 복원했다.

오대산사고 전경
평창군 진부면 동산리 오대산에 있는 조선시대 5대 사고의 하나이다. 사적 제37호로 지정된 사고지는 원래 물·불·바람이 접근하지 못하는 상서로운 곳으로 알려졌으나 6·25전쟁 때 모두 불탔고, 1992년 사각과 선원보각을 다시 지었다.

본만이 화를 면하였다.

이때 전주사고본 실록은 안의安義·손홍록孫弘祿 등의 노력으로 정읍의 내장산에 옮겨졌다가 다시 바닷길로 해주를 거쳐 영변의 묘향산 보현사 별전으로 옮겨졌다. 임진왜란이 끝나자, 보현사의 실록을 다시 영변 객사로 옮겨두었고, 1603년(선조 36)에는 인쇄의 편의를 위하여 다시 강화도로 옮겼다가 1606년에 5질을 인쇄하여 내사고인 춘추관을 비롯하여 외사고인 강화·묘향산·태백산·오대산의 5사고에 나누어 보관하였다. 임진왜란 이후의 5사고는 이전의 사고와 달리 깊은 산속으로 옮겨져 전란 등에 의한 소실에 유의하여 설치되었다.

오대산사고의 설치와 운영

조선시대 외사고의 하나로써 오대산사고가 설치된 것은 1606년(선조 39)이었다. 당시 전주사고본 실록을 인쇄하고, 그때 복인본復印本의 보관 장소가 논의되었다. 이때 복인본 봉안 장소로 춘추관과 평안도 묘향산, 경상도 태백산 등지가 결정되었으나, 초고본(전주사고본)의 봉안처를 선정하지 못하였다.

1605년 10월 강원감사 윤수민尹壽民은 상원사上院寺를 임시 보관처로서 추천하였다. 그 후 이 문제는 새롭게 건물을 세워 보관하는 방향으로 결정되면서 오대산이 사고 건립지로 선정되었다. 이로써 조선 후기 5사고 체제가 완성되었다.

5사고는 앞서 있던 사고 혹은 실록과 일정한 인연이 있었던 지역이었다. 묘향산은 임진왜란 중에 실록을 두었던 전례가 있던 지역이었고, 강화는 고려 때와 임진왜란 중에 실록을 보관하였던 곳이었다. 태백산사고는 해인사와 성주의 맥을 잇는 곳이고, 오대산은 옛 충주사고의 맥을 잇는 지역이었다.

오대산사고를 포함한 조선후기 사고의 수비와 관리는 사고가 위치한 사찰을 활용하였다. 이는 원칙적으로 조선 왕조의 억불숭유抑佛崇儒

태백산사고 전경
태백산사고에는 1913년까지 실록을 보관하였다가 일제 때 조선총독부에 의해 경성제국대학으로 옮겨졌으며, 현재 서울대 규장각에 보관되어 있다.

정책에 어긋난 것이지만 여건상 산 중의 사찰을 활용해야 했고, 수비 비용도 절감할 수 있었다.

정족산사고는 전등사, 적상산사고는 안국사, 태백산사고는 각화사, 오대산사고는 월정사가 사고 수비를 담당하였다. 예조에서는 각 사찰의 주지를 수호총섭으로 임명하여 수비의 총책임직을 맡겼다. 사고의 수비를 위해 승병을 모집하기도 하였다.

한편 사고의 관리를 위해 승려 이외에도 별도로 참봉 2원을 배치하였다. 이들은 교대로 사고의 관리업무를 담당하였다. 참봉은 대개 그 지역에 거주하는 유학幼學으로 임명되었다.

*** 자세히 들여다보기
국사편찬위원회, 《사고지조사보고서》, 1986
이성무, 《조선왕조실록 어떤 책인가》, 동방미디어, 1999

노산군묘에서 장릉으로

상왕복위운동과 단종의 폐위

1452년 5월, 12살의 나이로 단종이 즉위하였다. 단종의 즉위 전, 선왕 문종은 김종서·황보인 등에게 어린 아들의 보필을 부탁한 바 있다. 단종은 즉위 후 일단 김종서 등에게 정사를 위임하였다. 황표정사黃標政事를 통해 김종서 등이 정사를 주관해 나가자, 왕권의 약화를 우려하는 소리가 종친 내부에서 제기되었다.

세종의 둘째 아들이며, 단종의 숙부인 수양대군의 불만은 더욱 노골화되어 갔다. 그 결과 단종이 왕위에 오른 지 1년만인 1453년 10월 10일 수양대군의 계유정란이 발생하였다. 계유정란 이후 단종은 모든 실권을 숙부에게 빼앗겼다. 또한 숙부의 강권에 못 이겨 문종의 3년상이 끝나기도 전인 1454년 1월 송현수의 딸인 정순왕후 송씨와 혼인을 하였다.

단종은 왕위에 오른 지 3년만인 1455년 윤6월 11일 숙부에게 왕위를 물려주었다. 형식으로는 양위였지만 실제는 숙부의 위세에 눌려 왕위를 빼앗긴 것과 다를 것이 없었다. 단종은 왕위에서 물러난 후 창덕궁으로 거처를 옮겼다가 다시 숙부인 금성대군의 집(세종의 여섯째 아

●● 황표정사 대신이 인사 대상자의 이름에 황색 점을 찍어 국왕에게 올리면 왕이 그 위에 점을 더해 추인하는 제도

의절사
서울시 동작구 노량진동에 있는 사당으로 사육신의 위패를 모신 곳이다. 세조 당시 공조판서였던 김문기의 위패를 추가하여 현재 일곱 분의 위패가 봉안되어 있다.

들)으로 옮겼다.

　단종이 왕위에서 물러난 지 1년 만인 1456년 6월, 성삼문 등을 중심으로 상왕복위사건이 발생하였다. 성삼문 등은 명나라 사신을 환영하는 연회에서 세조를 비롯하여 한명회·권람 및 세자를 살해하고 상왕을 추대하려고 하였다. 그러나 모의에 참여하였던 김질이 세조에게 이를 밀고함으로써 사건은 미수에 그쳤다.

　사건의 진상 조사는 신속하게 진행되었다. 조사 과정에서 성삼문은 단종이 이미 복위 계획을 알고 있었다는 말을 하였다. 이 말은 단종에게 결정적으로 불리하게 작용하였다. 그렇지 않아도 복위운동이 일어날까 의심하던 세조와 측근들은 이 사건을 빌미로 그 싹을 자르려고 하였다. 1457년 6월 21일 단종에게 불리한 사건이 또 다시 발생하였다. 장인인 송현수와 권완이 단종 복위를 도모했다는 주장이 김정수라는 사람에 의하여 발설된 것이었다.

이들 사건을 계기로 단종은 상왕에서 노산군으로 강등되어 영월로 귀양가게 되었다. 영월에 유배된 그해에 다시 금성대군이 단종 복위를 도모하다가 발각되었다. 이 여파로 단종은 노산군에서 일반인으로 강등되었다가 얼마 후 죽음을 맞이하였다.

단종의 죽음에 대해서는 두 가지설이 전한다. 《세조실록》에는 "금성대군과 송현수가 죽었다는 소식을 듣고 스스로 목매어 자결하니 예로써 장사지냈다"고 하였다. 그러나 〈논사록論思錄〉, 〈병자록丙子錄〉, 〈송와잡기松窩雜記〉, 〈음애일기陰崖日記〉 등에는 노산군이 금부도사에 의해 형을 받았다고 말하고 있다. 사후 시신을 옮기면 삼족을 멸하겠다는 세조의 엄명이 내려져 그 누구도 그의 시신을 묻어줄 수 없었다. 이때 영월 호장 엄흥도嚴興道가 12월 한밤중 눈 속을 헤치고 관을 준비해 암장한 것으로 전해진다.

단종의 복권과 장릉

엄흥도에 의해서 매장된 후 노산군의 묘는 한때 세인들의 관심에서 잊혀졌다가 16세기 중반 이후 서서히 관심이 일기 시작하였다. 중종은 노산군에 대한 논란은 금지시킨 채 일단 그의 제사는 허락하였다. 선조 때에도 몇 차례 공식적인 제사가 행해졌다. 물론 이때의 제사는 노산군의 복권이 전제된 것은 아니었다. 그렇지만 점차 사림들을 중심으로 노

장릉 전경

영월군 영월읍 영흥리에 있는 조선 6대 단종의 왕릉으로, 영월호장 엄흥도가 장사를 지냈던 곳에 선조 때 상석 표석 등을 세우면서 1698년(숙종 24)에 장릉이라 불려졌다. 왕릉은 석물이 화려하지 않고 적어 소박한 간단한 편이며, 다른 왕릉과 달리 정려비·기적비·정자 등이 있다.

산군에 대한 관심이 높아지면서, 그의 복권 논의를 만들어내는 배경이 되었다. 윤순거는 영월현감 재직시 《노릉지魯陵志》를 편찬하였다. 서인庶人 노산군에서 노릉이라는 형식으로 그 위상이 높아졌다고 할 수 있다.

노산군의 복권 문제는 숙종 때에 이르러 활기를 띠었다. 왕권 강화를 꾀하던 숙종은 충절을 강조하기 위해 사육신 복권을 추진하였고, 아울러 사육신과 노산군에 대한 각종 조치와 논의가 증가하였다. 강원도 관찰사의 건의에 따라 노산군의 묘와 사당을 수리했고, 윤휴의 건의에

청령포 전경
영월군 남면 광천리 남한강 변에 있는 단종의 유배지로, 동·남·북 3면이 강물로 둘러싸이고, 서쪽은 험준한 암벽이 있어 밖으로 출입하기 어려운 곳이다. 현재 단종의 유배를 전해주는 금표비와 단묘유지비 등이 남아 있다.

따라 제사를 지냈다. 또한 허적의 건의에 따라 사육신의 무덤을 수리하였다.

이후 노산군 문제는 강화유수 이선이 사육신 복권 문제를 제기하면서 다시 거론되었다. 이때는 노산군이 정비正妃의 소생이니 대군으로 부르도록 하는 것으로 귀결되었으며, 이를 계기로 윤세초는 노산대군의 복권을 주장하는 상소문을 올렸다. 그러나 이 건의는 받아들여지지 않았다.

1691년(숙종 17), 사육신의 복권이 전격적으로 결정되면서 단종 복위의 가능성이 열렸다. 1698년 신규는 상소문에서 노산군의 추복追復을 요청하였고, 숙종은 이에 대한 문제를 논의하도록 지시하였으며, 관련 기록들을 정리하도록 하였다. 대신들의 논의가 왈가왈부 진행되는 과정 속에서 숙종은 보다 적극적인 의지를 보였고, 같은 해 10월, 단종의 복권이 결정되었다.

노산군의 복권이 결정되면서 노산대군의 시호가 결정되었으며 묘호는 단종으로, 능호는 장릉으로 결정되었다. 노산군묘에서 노릉으로, 노릉에서 장릉으로 명칭이 변화하며 본래의 위상을 찾아갔다.

*** 자세히 들여다보기
심의기, 〈사육신 재판과 그 복권〉, 《법제연구》 17, 한국법제연구원, 1999
윤정, 〈숙종대 단종 추복의 정치사적 의미〉, 《한국사상사학》 22, 2004

임진왜란과 충주 탄금대 전투

전쟁 초기의 상황과 일본군의 북상

1592년 4월 13일, 고니시 유키나가[小西行長]가 이끄는 일본군 선봉대 1만 8,700명이 7백여 척의 병선에 나누어 타고 쓰시마 섬의 오우라항[大浦港]을 떠나 부산포로 쳐들어왔다. 일본군의 침략 사실을 전해들은 부산첨사 정발鄭撥은 경비태세를 갖추었다. 다음 날 고니시는 전병력을 투입, 성을 포위하여 공격태세를 갖추는 한편 정발에게 "길을 빌려 달라"는 글을 보냈다. 그러나 정발은 그들의 요구를 묵살하였고, 이어 일본군의 전면적인 공격을 받은 지 하루만에 부산진성은 함락되었다.

이튿날 일본군은 동래성에 도착하였다. 동래성은 2만 명에 이르는 일본군의 포위 공격을 받아 동북쪽 성벽이 허물어졌고, 그곳으로 들어온 일본군에 의해 성은 유린되었다. 부사 송상현은 일본군의 침략 행위를 질책하고는 장렬한 최후를 마쳤다.

일본군의 거침없는 북상은 계속되었다. 당시 서울과 부산 간에는 중로中路·동로東路·서로西路 등 세 교통로가 있었다. 일본군은 이들 세 갈래 길을 이용해 북상하였다. 일본군 1군은 중로로, 2군은 동로로, 3군은 서로를 택하여 서울을 목표로 북상하였다.

●● 중로 서울-용인-충주-조령-문경-상주-대구-밀양-부산
동로 서울-양평-충주-단양-죽령-안동-영천-경주-부산
서로 서울-용인-죽산-청주-추풍령-김천-창녕-함안-김해-부산

일본군의 북상에 당황한 조정에서는 임시변통으로 이일李鎰을 순변사로 임명해 조령·충주 방면의 중로를, 성응길成應吉을 좌방어사에 임명해 죽령·충주 방면의 좌로를, 조경趙儆을 우방어사로 삼아 추풍령·청주·죽산 방면의 우로를 방어하게 하였다. 그리고 김성일을 경상우도 초유사로, 김륵을 경상좌도 안집사로 삼아 민심 수습과 항전을 독려하도록 했으며, 신립申砬을 도순변사로, 유성룡柳成龍을 도체찰사로 삼아 방어태세를 갖추게 했다.

탄금대 전투의 전개

4월 24일 이일은 상주에서 대패하여 충주로 도망했고, 신길원申吉元의 결사대도 문경에서 패배하였다. 일본군은 승기를 타고 4월 26일, 충주에 도착하였다. 4월 29일 신립은 8천명의 군사를 이끌고 충주로 향해 달천과 남한강의 합류 지점에 배수진을 쳤다. 뒤는 강이 가로막고 있고, 주위는 갈대로 뒤덮힌 습지였기 때문에 병사들은 살아남기 위해 일본군과 싸울 수밖에 없었다.

조선군이 탄금대에 진을 치고 있을 때 1만 5천의 일본군들이 이곳으로 집결하였다. 고니시 부대는 충주를 거쳐 정면으로 접근해 왔고, 3천여 명의 일본군 좌익은 달천을 따라 북상하였다. 고니시는 부대를 둘로 나눈 후 조선군을 삼면으로 공격해 진퇴양난에 빠뜨리고자 하였다. 탄금대에 도착한 일본군은 안전하게 총격전을 벌이기 위한 목책을 만들었다. 당시 일본군의 전술은 삼첩진이었다. 삼첩진이란 조총병들을 세 개의 대열로 조직한 후 한 대열씩 번갈아가며 발사를 하고, 그 동안 나

탄금대 신립장군순절비
탄금대는 충주시 칠금동에 있는 남한강변의 높은 절벽으로, 가야국 악사 우륵이 망명의 한을 달래기 위해 가야금을 타서 '탄금대'라 불렸다고 한다. 임진왜란 때 신립이 왜적과 싸우다가 죽은 것을 기리기 위해 세운 순절비가 있다.

머지 대열들이 엎드려 화약을 장전해 나가는 연사방식이다.

일본군이 접근해 오자 신립은 기병 1천명을 내보내 적을 제압한 다음 뒤이어 제2진 1천명을 출격시켜 일본군을 단월역 쪽으로 쫓아냈다. 일본군은 병력을 증강시켜 다시 신립의 본진으로 공격해 왔다. 신립은 제3진 2천명을 투입하여 또 다시 일본군을 격퇴하였다. 그러나 병력·무기가 절대적으로 부족한 조선군의 기동력은 점차 떨어져 갔다. 신립의 군대는 일본군을 네 차례 격퇴하였으나 끝내 전세가 기울었다. 신립은 모든 병력에게 최후의 공격을 명령하였고, 마지막 순간이 다가오자 남한강에 투신하였다. 뒤이어 신립의 종사관 김여물 등이 전사하였다. 이로써 조정의 기대를 모은 삼도 순변사 신립 군의 항전은 패전으로 막을 내렸다.

신립의 패전은 이후 일본군의 북상에 중요한 의미를 지닌다. 충주는 남한강을 따라 서울로 들어오는 요충지이며, 중부내륙권을 공략하기가 용이한 전략지였다. 이런 점을 고려해 고니시가 이끄는 제1군은 여주-양평을 경유하여 서울의 동대문으로, 제2군은 죽산-용인을 거쳐 서울의 남대문으로 진격하였다.

***자세히 들여다보기
허선도, 〈임진왜란론〉, 《동양학》 15, 단국대 동양학연구소, 1985
국방부전사편찬위원회, 《임진왜란》, 1987
김성남, 《전쟁으로 보는 한국사》, 수막새, 2005

태백의 사림세력과 서원

중원 일대 서원과 사림세력

충주 지역의 사림 사회는 혼란기에 사림이 충주에 들어와 살면서 형성되기 시작하였다. 특히 여말선초의 과도기, 단종에서 세조로의 교체기, 사화士禍의 혼란기에 많은 사람들이 정계에서 물러나 고향으로 내려와 생활하였다. 이렇게 형성된 충주 지방의 사족은 향촌 사회에서 중심 역할을 하는 한편, 중앙에 진출하여 국정에 참여하는 정치세력으로 성장하였다.

사족의 향촌 활동과 관련해서 서원은 향교와 함께 그 중요성이 부각되었다. 충주 지방의 최초의 서원은 1582년(선조 15)에 세운 팔봉서원八峯書院이었다. 이 서원은 기묘사화(1519년) 때 피해를 입은 김세필金世弼·이자李耔·이연경李延慶을 모시고 있는데, 서원 주변에 살고 있던 이들의 후손들에 의해서 건립되었다. 이후 중앙의 정치세력이 동인과 서인으로 나누어졌고, 다시 동인이 북인과 남인으로, 서인이 소론과 노론으로 나누어졌다. 이러한 분당은 지방으로까지 확대되었다.

충주의 사족 사회에서 당색을 띠고 등장한 것은 북인계였다. 대북大北의 영수인 이이첨이 이곳 출신이기도 하지만, 소북小北의 영수인 유영경

•• 기묘사화 중종 14년 남곤·심정·홍경주 등의 훈구파가 조광조 등의 신진 사림들을 죽이거나 귀양보낸 사건

의 형 유영길이 이곳으로 낙향하면서 북인의 세력이 형성되었다. 그러나 북인은 인조반정과 유효립 역모사건으로 퇴출되고, 인조대부터는 남인과 서인만이 존재하였다. 특히 효종대부터는 서인들의 활동이 본격화되었다.

17세기 후반, 제1차 예송이 일어나면서 중앙 정계는 서인과 남인이 대립하였다. 충주에서도 서인과 남인으로 분열되어 대립하였다.

남인들의 중심 서원은 팔봉서원과 운곡서원雲谷書院이었다. 팔봉서원은 1672년 사액서원이 되면서 위상이 높아졌다. 운곡서원은 원래 백운서당이었는데, 1602년 정구鄭逑가 충주목사로 있으면서 서당을 서원으로 고치고, 주희의 위패를 모셨다. 1661년(현종 2) 남인들은 자신들의 큰 스승인 정구를 운곡서원에 모시면서 세력 확대를 꾀하였다. 1677년(숙종 3)에는 운곡서원 역시 사액서원이 되었다.

남인의 이런 활동에 대해 서인들, 특히 노·소론 분당 이후 노론들은 정호를 중심으로 스승인 송시열을 제향하는 누암서원樓巖書院을 건립하여 대항하였다. 충주 지방 사족들의 서인화는 이미 17세기 초 임경업의 사

• 제1차 예송(기해예송) 1649년, 효종이 죽은 뒤 그의 계모인 자의대비趙大妃가 효종의 상에 몇년의 상복을 입을 것인가를 두고 일어난 사건. 당시 송시열 등 서인은 효종이 인조의 둘째 아들이므로 1년 상복을 주장했고, 윤휴·허목 등 남인은 효종이 왕통을 이었으므로 적장자에 준하는 3년 상복을 입어야 한다고 주장하였다.

평창 판관대
평창군 봉평면 창동리에 있는 기념비로, 율곡의 어머니 신사임당이 이곳에서 율곡을 임신하였다. 아버지 이원수의 당시 벼슬을 따서 판관대라고 불렀다.

송담서원
강릉시 강동면 언별리에 있는 서원으로 율곡 이이를 모시는 사액서원이다. 1624년(인조 2) 강릉 유생들이 세운 석천서원을 1652년(효종 3) 지금 자리로 옮기면서 1659년 사송담이라고 사액되었다. 서원의 사적과 이이의 업적을 기록한 묘정비는 정호鄭澔가 짓고 민진원閔鎭遠이 썼다. 지금 건물은 1971년에 복원된 것이다.

우 건립을 시작으로 이후 송시열 등이 간여하면서 더욱 활발해졌다.

17세기 후반 이후 남인이 정치적으로 좌절되면서 사림들의 대립 양상이 바뀌어, 남인을 대신하여 노론과 소론의 대립으로 나타났다. 노론은 1702년 누암서원을 사액서원으로 만들고, 민정중을 추가로 배향하면서 우위를 지키고자 하였다. 그러나 경종 때 소론들이 정국을 주도하면서 누암서원의 사액을 철회하는 한편, 윤증을 제향하는 서원 건립을 시도하였다.

이렇게 중앙의 정치세력과 연계된 충주 사림들의 갈등은 1728년(영조 4) 이인좌의 난을 계기로 새로운 국면을 맞게 되었다. 당시 이인좌의 난에 여흥민씨·안동김씨·순창조씨·청주한씨·양천허씨 등 이 지역 소론·남인의 가문이 가담하였는데, 난 이후 이들의 활동이 크게 위축되었다.

탕평책이 시행된 이후, 향촌 내에서의 정치적 갈등은 점차 누그러졌고, 반면 향촌 사회에서 자신의 문중을 현양顯揚하려는 모습으로 전환되었다. 주로 자기 문중의 선조를 현양하고, 그 후광으로써 자기 가문을 높이려고 하였다.

충주 지방은 중앙정치세력의 동향과 매우 밀접한 관련을 가지고 있었다. 그 결과 당색이 형성되던 초기에는 북인 세력이 득세하더니 이후에는 남인과 서인, 서인이 정국을 주도하게 되는 숙종대 이후에는 노론과 소론이 대립을 보이더니 이인좌 난에 남인과 소론 일부가 가담하면서 노론계가 주도하는 향촌사회가 되었다. 이런 정치세력의 빈번한 교체는 아마도 충주지역이 지리적으로 남한강을 끼고 있으면서 중앙정치세력이 낙향하거나 쉽게 이를 수 있는 곳이었기 때문일 것으로 보인다.

•• 이인좌의 난 영조가 즉위하고 노론이 득세하자, 소론과 남인이 소현세자의 손자인 밀풍군(이인좌)을 추대했던 사건

춘천·원주·강릉의 서원과 사림

태백의 사림의 특징을 정리하면 지역별로 춘천이나 원주 등지는 서인과 남인세력이 공존하는 한편 강릉은 율곡 이이와의 연고로 서인세력이 강세라는 점이다. 아래는 이 지역 사림세력의 성향을 파악하기 위해 강원도 지역 서원을 정리한 것이다.

태백의 주요 서원

명칭	설립연대	사액시기	배향인물	소재지
오봉서원	1556년(명종11)		공자, 주자, 송시열	강릉시
송담서원	1624년(인조 2)	1660년	이이	강릉시
칠봉서원	1612년(광해군 4)	1673년	원천석, 원호, 정종영, 한백겸	원주시
도천서원	1693년(숙종 19)	1693년	허후	원주시
문암서원	1610년(광해군 2)	1648년	이황, 조경, 이정형	춘천시
도포서원	1650년(효종 1)		신숭겸, 신흠, 김경직	춘천시
동명서원	1628년(인조 6)		조인벽, 조사	양양군
경행서원	1639년(인조 17)		김효원, 허목	동해시
용산서원	1705년(숙종 31)		이세필	동해시

　춘천 지역의 경우 퇴계 이황 이후 남인의 학통을 잇는 조경이나 이정형을 모신 문암서원이 있는 한편 서인인 신흠을 배향한 도포서원이 있어 서인과 남인이 공존하는 양상을 보인다. 이는 춘천 지역이 서인의 대표적인 인물인 김수항 가문의 정사精舍가 있는 한편 퇴계의 외가라는 점 등이 반영된 것이었다.

　원주 지역의 경우 남인세가 우세한데, 원천석·원호·정종영·한백겸 등을 모신 칠봉서원과 허후를 모신 도천서원은 모두 남인의 기반이 되는 서원이었다. 칠봉서원에 배향된 원천석의 묘비를 미수 허목許穆이 작성하였다는 점과 허후가 미수 허목의 종형제라는 점 등 허목과 관련성이 있는 것을 보면 남인 내에서도 기호남인 세력과 밀접한 관련을 갖고 있음을 알 수 있다. 원주 지역 내 사림들의 기호남인과 관련성은 광암사우에 배향된 정시한丁時翰을 통해서도 이루어졌다.

정시한 가문이 원주 지역에 터를 잡기 시작한 것은 그의 부친 때부터였다. 그의 부친인 정언황이 효종 초 원주의 법천리에 근거를 마련한 후, 정시한이 집안을 키우면서 대대로 집성촌을 형성하였고, 이 지역 남인 명가의 하나로 자리잡게 되었다. 정시한 가문은 포천 지역의 한양 조씨 조경, 연천 지역의 양천 허씨 허목, 양평 지역의 광주 이씨 이덕형 가문 등과 상호 혼인관계를 맺으며 유력한 남인가로 활약하였으나, 숙종대 후반 이들 가문과 갈등을 보였다. 갈등은 정시한의 《변무록辨誣錄》 간행이 계기가 되었다.

《변무록》은 정시한이 억울하게 모함당한 조부 정호관의 일을 변명하기 위해 지은 것인데, 1709년(숙종 35) 정

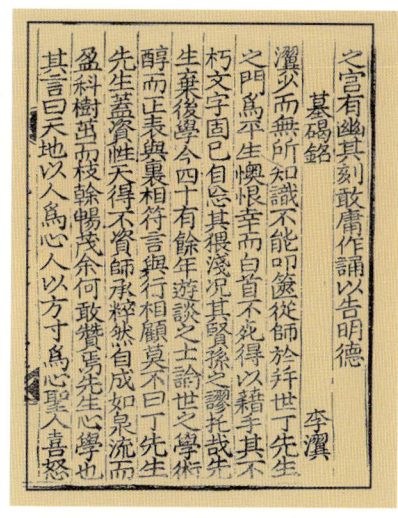

정시한 문집에 들어 있는 이익의 묘갈명

시한의 문인 조식趙湜이 진주목사로 있으면서 이 책을 간행하였다.

정호관은 1613년(광해군 5) 폐모론廢母論을 주장했던 사람으로 이후 역적으로 내몰렸다. 1664년(현종 5) 조경趙絅이 이상정李象鼎의 부탁을 받아 그의 조부인 이덕형의 신도비를 지으면서, 정호관을 마치 폐모론을 주도한 윤인尹訒·정조鄭造와 마찬가지로 폐모론자로 몰았던 것이다. 정시한은 이런 사실이 모두 조부를 모함한 것으로 이를 밝히기 위해 《변무록》을 지었고, 제자에게 간행을 부탁하였다.

《변무록》이 간행되자 조경의 후손과 이덕형의 후손 등은 연명 혹은 단독으로 그 조상을 위해 변호하고 《변무록》을 비판하며 정씨 가문을 비난하는 상소를 올렸다. 반면 정시한의 손자 정사신丁思愼도 격렬하게 이의 부당함을 지적하였다. 양쪽 가문들의 논쟁은 숙종의 판정을 거쳐

●● 폐모론 인목대비의 폐출 논의

오봉서원

강릉시 성산면 오봉리에 있는 서원으로, 1561년(명종 16) 강릉부사 함헌이 명나라에서 가져온 공자진영을 모시기 위해 건립하였다. 그 뒤 주자와 송시열을 함께 모셨으며, 지금의 건물은 1903년 고쳐지은 것이다. 삼문 입구에는 1806년에 건립한 오봉서원기적비와 1856년에 건립한 묘정비가 있다.

일단락되었지만, 경종대 이후 기호남인 세력의 분기를 가져오는 계기가 되었다. 강릉 지역에는 이이를 모시는 송담서원과 서인 노론계의 송시열을 모시는 오봉서원이 있었다. 모두 서인 계통의 서원으로 특히 노론계가 우세하였다. 이는 강릉이 율곡 이이의 출생지라는 사실에서 연유한다고 하겠다.

오봉서원은 처음 공자·주자를 모시다가 송시열을 배향하는 과정에서 논란이 일었다. 1806년(순조 6)에 제기된 송시열의 배향 논의는 오봉서원을 공자-주자-송자宋子의 적통을 잇는 서원으로서의 위상을 갖게 하기 위한 것이었다. 그런데 송시열의 영정을 모시면서 강릉지역 사림들 사이에 동배론同配論과 독봉론獨奉論 등 두 가지 주장이 나오면서 논쟁이 벌어졌다.

독봉론은 송시열이 주자의 적통임을 강조하면서 별도의 영당影堂을 건립하여 배향하자는 입장이었다. 반면에 동배론은 서원의 건립 자체를 금하는 국법에 따라 새로운 영당을 짓지 말고, 오봉서원에 함께 배향하자는 것이었다. 논의의 결론은 동배론으로 결정났지만, 이 과정을 통해 강릉지역 사림들이 분열되고 있음을 알 수 있다. 이 논의는 서원 운영의 주도권을 위한 원임院任 선정 문제에서 발단된 것이었다.

태백문화권은 지역적으로 다양한 사림세력이 존재하였다. 이곳이 걸출한 사림의 출생지라는 것과도 관련을 갖지만, 나아가 지리적 차이에서도 연유하고 있다. 원주나 춘천 지역의 경우 남한강이나 북한강 등이 입지하여 교통이 편리하므로 다양한 정치세력의 이동과 정착이 가능하였다. 반면 강릉 지역의 경우는 대관령 동쪽이라는 지리적 위치로 인해 교통이 불편하여 다른 세력의 접근이 용이하지 않고, 특정 세력이 자리 잡은 이후에 견제가 약하였던 것이다.

*** 자세히 들여다보기

정만조, 《조선시대 서원연구》, 집문당, 1997
최승순, 〈원주지역 인물의 특성〉, 《강원문화사연구》 3, 1998
이정우, 〈17-18세기 충주지방 서원과 사족의 당파적 성격〉, 《한국사연구》 109, 2000
정만조, 〈조선후기 경기북부지역 남인계 가문의 동향〉, 《한국학논총》 23, 국민대 한국학연구소, 2000
임호민, 〈18세기 강릉지방 사족 관·문중 간의 갈등양상〉, 《인문학연구》 9, 관동대, 2005

강릉의 양반 주택, 선교장과 오죽헌

배다리골의 양반 주택, 선교장

선교장은 조선 후기에 청주에서 강릉으로 이주한 전주 이씨 소유의 양반 주택이다. 전주 이씨의 배다리골 정착은 이무경이 외가인 이곳으로 오면서 이루어졌다. 이무경은 지금의 선교장터에 주택을 짓고 가세를 일으켰다.

이무경의 손자인 이후 때에 이르러 가세가 크게 확장되었다. 정동면 배다리골을 중심으로 농경지를 넓혀, 강릉 북쪽의 우암牛巖 지역은 큰 집에서, 남쪽의 우계羽溪 지역은 작은 집에서 맡아서 관리할 정도였다. 이때 이후는 선교장을 대표하는 건물인 열화당, 연지 그리고 활래정 등을 지었다.

열화당은 1815년 이후가 친척들의 친목도모와 교육을 목적으로 세운 것이다. 이후의 아들인 이용구·이봉구 때에는 사별당과 방해정이 세워졌다. 이봉구는 1853년 통천군수를 지내면서 선정을 베풀어 선교장 이씨가를 '통천댁'으로 불려지게 하였다. 5대 이희원과 6대 이근우 때에 이르러 열화당과 구분되는 또 다른 사랑채인 동별당이 건립되었다. 이로써 선교장 이씨 집안 사람들이 생활하는 공간과 외부 손님을

선교장

강릉시 운정동에 있는 고가로 중요민속자료 제5호로 지정되었다. 집터가 뱃머리를 연상한다고 하여 '선교장船橋莊'이라는 불리는 고가는 강릉 지역 사대부인 이내번이 거처한 곳으로, 1815년(순조 15) 이후가 건립한 열화당과, 이듬해 이근우가 중건한 활래정은 가장 오래되었다.

접대하는 공간을 명확하게 구분하였다.

    이 시기 전주 이씨 집안은 가족구성상 몇 개의 가족들이 가까운 곳에서 주거생활을 하면서도 독립된 영역을 가지고 있었다. 선교장 내에 여러 장인匠人들을 상주시켜 선교장 집안의 일들을 처리하도록 하였다. 생활에 필요한 대부분의 일들이 골짜기 내에서 이루어지도록 해서 골짜기 전체를 하나의 독립된 영역으로 보았다. 이 시기 방해정 옆에 이가원이라는 정원을 조성해서 선교장의 별장으로 사용함에 따라 방해정이 위치한 경포대 인근까지 선교장의 영역으로 확장하였다.

조선시대 강릉 지역 상류 주택의 특색은 중앙에 마당을 두고 안채, 사랑채를 'ㅁ'자 형 평면의 대각선상에 배치하고 있다는 점이다. 즉 안채와 사랑채 사이에 우측으로 중문, 외양간, 광 등으로 연결되고, 좌측으로는 방과 광으로 안채의 건넌방 끝과 연결되어 있다.

오죽헌과 율곡 이이

오죽헌은 본래 단종 때 병조참판과 대사헌을 지낸 최응현崔應賢의 집으로, 그가 사위 용인 이씨 이사온에게 주었던 곳이다. 이사온이 다시 평산 신씨 신명화에게 주었다. 신씨는 두 딸을 두었는데, 장녀는 권화의 부인이고, 차녀는 이원수의 부인으로 신사임당이다.

오죽헌의 이런 상속 과정은 조선 전기 사회의 관행에서 유래된 것이었다. 즉 남귀여가혼男歸女家婚의 혼인관행과 균분상속제에 토대한 사회 관행이 이런 상속의 모습을 가져왔다.

권화의 아들 권처균이 외할아버지인 신명화의 제사를 받들면서 이 집은 권씨 소유로서 보존되었다. 집 주위에 오죽이 많아 권처균의 호가 오죽헌이 되었고, 그것이 그대로 집을 칭하는 이름이 되었다.

조선 초기의 건축 양식을 그대로 보여주는 오죽헌은 우리나라 주택 건물 중에서 가장 오래된 것의 하나이다. 정면 3칸, 측면 2칸으로 4칸 크기의 대청과 1칸 반 크기의 온돌방, 그리고 반 칸 폭의 툇마루로 된

●● **남귀여가혼** 남자가 여자의 집에 가서 혼인하고 생활하는 것
균분상속제 재산을 아들과 딸의 차별없이 균등하게 나누어 주는 것

오죽헌

강릉시 죽헌동에 있는 건물로, 신사임당과 율곡 이이가 태어난 곳이다. 보물 제165호로 지정되었으며, 원래 최치운이 지었고, 그의 아들 최응현이 사위에게 물려주어 현재에 이르고 있다. 기둥과 기둥 사이에 있는 연꽃·사자 등을 그린 장식이 특이하다.

단순한 '일(一)' 자형 평면의 집이다.

한편 오죽헌은 대유학자 이이李珥가 태어난 곳으로 더욱 주목받았다. 그가 출생한 곳을 몽룡실夢龍室이라고 하는데, 그의 어머니 신사임당의 태몽과 관련해 붙여진 이름이다. 신사임당은 33세 때 선녀가 바다 속으로부터 살결이 백옥 같은 옥동자 하나를 안고 나와 부인의 품에 안겨주는 꿈을 꾸고 아기를 잉태하였다고 한다. 그리고 아이를 낳을 때에는 검은 용이 바다로부터 날아와 부인의 침실에 이르는 꿈을 꾸었다고 한

허난설헌 생가
강릉시 초당동에 있는 조선시대 대표적인 여류 시인 허난설헌(1563-1589)과 허균이 태어난 곳으로 전해지는 집이다. 안채와 사랑채, 곳간채가 'ㅁ'자로 배치되었으며, 후원과 사랑채 앞 마당은 넓고 개방적인 우리나라 정원의 전통적 형식으로 되어 있다.

다. 이때 태어난 아이가 이이였다. 이런 인연으로 인해 율곡은 부친 사후 외가집의 제사를 받들었다.

*** 자세히 들여다보기
  주남철, 〈강릉의 이조시대주택〉, 《고고미술》 111, 1971
  주남철, 《한국주택건축》, 일지사, 1980
  이기서, 《강릉 선교장》, 열화당, 1996
  이영선 외, 〈강릉 선교장의 변화과정에 관한 연구〉, 《대한건축학회학술발표논
    문집》 17－2, 1997

경포 주변의 정자

▲ 해운정

강릉시 운정동 경포 주변에 있는 별당 형식의 건물로, 1530년(중종 25) 심언광이 건립하였다. 보물 제183호인 건물은 외부는 소박하지만 내부는 세련된 조각으로 장식되었으며, '해운정'이란 현판은 송시열의 글씨이다.

▼ 방해정

강릉시 저동 경포 주변에 있는 정자로, 원래 삼국시대의 절인 인월사터에 1859년(철종 10) 선교장 주인 이봉구가 건립하였다고 전한다. 'ㄱ'자형의 건물로, 별장이면서도 온돌방, 마루방, 부엌 등이 갖추어진 살림집이다.

경포
강릉시 저동, 초당 일대에 있는 호수로, 관동팔경의 하나다. 호수 수면이 거울같이 맑아 '경포'라고 불렸으며, 군자호(君子湖)라고도 한다. 원래 둘레는 12킬로미터에 이를 정도로 컸고, 주변에는 정자가 전국에서 가장 많이 있다.

화서학파와 위정척사

화서학파의 전개와 태백문화권

양평의 벽계마을은 화서 이항로(1792~1868)가 살았던 곳이다. 벽계는 한강을 거슬러 올라와 양수리에서 북한강을 따라 조금 올라 간 곳에 자리잡고 있다. 교통상 편리할 뿐만 아니라 깊숙한 산골짜기에 위치하고 있어 산림 처사들이 머물만한 곳이다. 또한 한강을 통해서 청음 김상헌의 학통을 잇는 양주의 석실서원, 송시열을 모신 여주의 대로사, 송시열의 수제자인 수암 권상하가 세운 충주의 한수재 등과 연결되는 지리상에 위치하여 한말 도학의 새로운 중심무대가 되었다.

이항로의 문하에 제자들이 모여들기 시작한 것은 그가 40세 때부터로, 임규직任圭直이 그의 학맥을 잇는 첫 제자였다. 이때부터 이항로는 벽계 시냇가에 '경단敬壇'이라는 단을 세우고, 봄·가을로 향음주례를 행하기 시작하였다. 이후 점차 많은 제자들이 모여들기 시작하였다.

이항로 문인의 지역 분포를 보면, 양평·가평과 북한강을 따라 올라 간 춘천 지역에는 이항로의 아들인 이준·이복 등을 비롯해 유영오의 자손들인 성재 유중교와 의암 유인석, 손지 홍재학 등이 대표적이다. 이밖에 김평묵·최익현 등이 경기도 포천을 중심으로 활동하였고, 박문

●● 향음주례 조선시대에 향촌의 유생들이 나이 많고 덕 있는 사람을 주빈으로 모시고 술을 마시며 잔치를 하던 의식

노산사
양평군 서종면 노문리에 있으며, 1954년에 유림들이 화서 이항로를 기리기 위해 세운 사당이다. 사당에는 주자·우암 송시열·화서 이항로의 영정과 위패가 함께 모셔져 있다. 노산사 위쪽 산능선에는 이항로의 묘소가 있고, 아래에는 생가가 보존되어 있다.

일·박문오 형제는 평안도 태천을 중심으로 활동하였다.

특히 춘천 남면 가정리를 기반으로 활동하던 유중교·유인석 등은 잠강潛江(가평군 설악면 신천리)에 한포서사漢浦書社를 세우고 제자들을 가르쳤다. 유중교는 중암 김평묵에게서도 수학하였다. 유중교는 이항로 사후 그 자신이 강학을 할 때에도 이웃에 김평묵의 거처를 마련하고 김평묵을 강석講席에 모셔 스승으로 극진하게 받들었다. 따라서 많은 유중교의 문인들이 김평묵의 문하에서도 수학하였다. 그후 1889년 유중교는 제천으로 내려갔다. 유중교 사후 유인석도 제천으로 이사하여 유중교를 이어 강학 활동을 하였다.

이항로 생가
양평군 서종면 노문리에 있는 이항로가 태어나서 일생을 보낸 곳으로, 그의 아버지가 건립하였다. 양헌수, 김평묵, 유중교, 최익현, 유인석, 홍재학 등 많은 제자들이 이곳에서 수학했으며, 행랑채, 사랑채, 안채 등 전형적인 양반집 구조로 되어 있다.

화서학파의 위정척사운동

화서학파의 문인인 면암 최익현과 의암 유인석은 화서학파의 위정척사운동을 주도하였다. 이들은 갑오개혁 이후 을사늑약과 일제의 강제 합병 등에 맞서 항일의병운동을 전개하였다. 그러나 화서학파 모두가 의병운동에 참여했던 것은 아니다. 성재 유중교 계열의 경우 의병을 일으키는 거의擧義보다는 자정自靖하여 강학에 힘쓰는 것을 중시하였다.

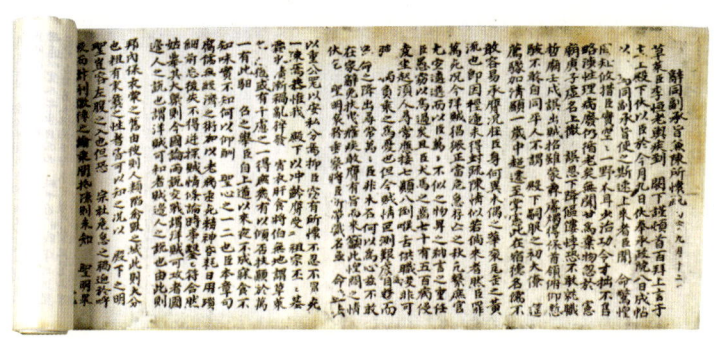

이항로 상소문
주리철학을 재건하여 위정척사론을 형성한 화서 이항로는 고종 3년(1866) 병인양요가 일어나자 흥선대원군에게 전쟁으로 맞설 것을 건의하였다.

1876년 강화도조약의 논의가 진행되자 유인석·유중악·이근원·홍재구 등 화서 문하 50인이 상소를 올려 화의를 배척하였다. 1885년 단발령이 내려지자 유인석은 국난을 당하여 선비들이 취해야 할 행동원리로서 '의병을 일으켜 역당逆黨을 쓸어내는 것[擧義掃淸]'과 '떠나서 옛 제도를 지키는 것[去之守舊]'과 '죽음으로써 뜻을 이루는 것[到命遂志]'의 '처변삼사處變三事'를 논의하고 각자의 처지에 따라 행동할 것을 지시하였다.

이후 유인석의 문인인 이필희·서상렬·이춘영 등이 원주와 제천 등지에서 거의하고, 그를 의병장에 추대하자 모친 상중이었지만 항쟁에 적극 나섰다. 그는 8도의 모든 관리들에게 왜적에 복수할 것을 포고하는 격문을 띄우고 3천명의 의병을 거느리고 항전하였지만 왜병과 관군에 패하였다. 서북 지방과 만주에서도 항전의 기반을 확보하지 못하자 그는 동지·문인들과 '토복討復'의 항쟁이 불가능하면 '수의守義'로서 '토

화서 이항로 묘소

복'의 기반을 확보할 것을 결의하였다.

한편 춘천을 중심으로 의병을 일으킨 유중락柳重洛·이만응李晩應 등은 1895년 12월 화서학파 계열의 이소응을 의병대장으로 추대하였다. 이소응은 의병대장에 취임하면서 격문을 지어 전국에 보내 민심을 격동시키고 거사할 것을 호소하였다. 이때 조정에서는 조인승曹寅承을 춘천관찰사 겸 선유사로 보냈는데 의병에게 잡혀 참형을 당했다. 춘천의병진의 과격성과 반개화성을 보여주는 대표적인 사례이다. 이후 춘천의진은 서울 진격을 목표로 삼아 출동하였으나, 가평의 벌업산에서 관군에게 대패하였다. 이후 이경용이 거느리던 춘천의진은 관군에게 밀려 제천 유인석柳麟錫 부대와 합류하였다.

　을사늑약 이후 국내에서 활동이 여의치 않자 유인석과 이소응 등은 해외에 항전 기지를 만들기 위해 1908년 문인과 동지를 이끌고 러시아의 블라디보스토크로 망명하였으며, 그곳에서 의군義軍을 조직하여 유인석은 13도 의군도총재로 추대되었다. 유인석은 13도 동포에게 한 번에 죽기를 각오하고 일본에 항거할 것을 호소하는 통고문을 보냈다. 한일합방을 당하자 고종에게 상소문을 올려 블라디보스토크로 망명하여 세계의 여론을 일으켜 국권을 회복하도록 하였다. 그는 해외에서 항전을 계속함으로써 화서학파의 의리 정신을 끝까지 실천하였다.

*** 자세히 들여다보기
　유한철, 《유인석 의병연구》, 국민대 박사학위논문, 1996
　오영섭, 《화서학파의 사상과 민족운동》, 국학자료원, 1999
　금장태, 〈화서학파의 전개과정과 양상〉, 《대동문화연구》 35, 1999
　박민영, 〈화서학파의 형성과 위정척사운동〉, 《한국근현대사연구》 10, 1999
　강대덕, 〈북한강 유역의 민족운동 연구〉, 《강원문화사연구》 4, 1999

근대 격동기의 은둔과 저항

근대 격동기에 태백문화권은 그 지리적 조건을 바탕으로
은둔과 저항의 중심지가 되었다.
조선 후기 천주교 박해를 피해 교인들이 태백에 모였으며,
동학 또한 이곳에서 부흥의 기틀을 마련했다.
한말 의병전쟁에서 가장 빛나는 전투를 벌였으며,
태백의 산길과 물길을 따라 독립운동의 온상이 되었다.
일제의 경제 수탈로 태백의 산하가 피폐해졌으며,
분단과 6·25 전쟁은 태백문화권을 갈라놓았다.
이제 이곳은 통일로 가는 다리가 되고 있다.

천주교 박해와 은둔, 황사영과 배론성지

천주교 전래와 박해

천주교가 우리나라에 처음 전래된 것은 임진왜란을 전후한 시기였다. 당시 명나라에 사신으로 갔다온 이수광은 마테오리치의 《천주실의》, 《중우론重友論》 등을 그의 저서인 《지봉유설》에 소개하였다.

처음에는 종교가 아닌 학문적 차원에서 이해되었으나, 18세기에 들어와 종교적 차원에서 받아들였다. 이때 천주교를 신봉한 사람들은 실학자 이익과 안정복의 문인인 권철신·권일신 형제와 정약전·정약종·정약용 3형제 등이었다.

이들은 교리연구회를 열었으며, 권철신의 지도 아래 수도생활을 시작하였다. 이와 함께 권철신의 매부 이벽과 정약전의 매부 이승훈 등도 참가하였다. 이승훈은 교리연구를 위해 중국 베이징으로 건너가 1784년 2월, 예수회 신부 그라몽에게 세례를 받아 한국 최초의 영세신자가 되었다. 이렇게 하여 이들은 1784년 조선천주교회 창설의 주도적 인물이 되었다.

그러나 이때부터 조선 정부의 조선천주교회에 대한 박해가 시작되어 1785년 김범우가 순교하였고, 조선천주교회는 1년 만에 폐쇄되고 말았다. 1786년 교회가 재건되었으나, 1791년 이른바 진산사건珍山事件이 터져 정약용의 외종인 윤지충과 권상연 등이 처형당하였다. 진산사건이란 전라도 진산의 양반 천주교도인 윤지충이 모친상을 당했을 때 신주를 모시지 않고 제사도 드리지 않은 채 천주교 의식에 따라 장례를 치르자, 조선 정부가 전통적 유교사회의 제례질서를 파괴했다는 죄목으로 윤지충과 그를 옹호하던 권상연 등을 처형한 것을 말한다. 이 논리는 이후 100여 년을 두고 천주교 박해의 이유로 활용되기도 하였다.

천주교인의 은둔과 배론성지

조선천주교회는 박해에도 불구하고 1794년 중국인 신부 주문모를 영입하여 조직적 교회활동을 벌여 나가 1800년에는 교인이 1만 명으로 확대되었다. 천주교 교세가 커지면서, 천주교에 대한 공격도 끊이지 않았다. 그렇지만 정조대의 남인 정권이 유지되는 동안 천주교는 심한 박해를 피할 수 있었다. 당시 남인 세력 가운데는 천주교를 신봉하는 사람들이 많았다.

그러나 순조가 왕위에 오르고 정순왕후가 수렴청정하면서, 남인 정권을 꺾기 위한 계책으로 천주교에 대한 대대적 박해를 가하니, 1801년의 신유박해가 그것이다. 이때 중국인 주문모 신부를 비롯하여 3백여 명의 순교자가 발생하였다. 주문모는 한때 피신하였으나, 스스로 의금부에 나타나 취조를 받은 뒤 새남터에서 순교하였다. 그리고 초기 교회의 지도자인 권철신·이승훈·정약종·이가환 등도 서소문 밖에서 참수되었다.

이때부터 많은 천주교도가 충북 제천군 봉양면 구학리 배론 산골에 숨어살기 시작하였다. '배론'이라는 지명은 계곡이 배 밑바닥 같이 생겼다고 하여 붙여진 이름이다. 배론성지는 지리적으로 치악산 동남기슭에 위치한 구학산·백운산의 봉우리들이 둘러싼 험준한 산악지대로 외부와 차단된 산골이었다. 그러나 산길로 10리만 더 들어가면 박달재 마루턱에 오르고, 충주·청주를 거쳐 전라도와 통할 수 있었다. 또한 제천에서 죽령을 넘으면 경상도와 통하며 원주를 거쳐 강원도와도 통할 수 있는 교통의 요지였다. 이러한 지리적 조건을 갖추고 있는 배론 산골은 당시 박해받던 천주교도들의 은둔지로서 더할 나위없는 곳이었다.

이곳에 숨어들은 천주교도들은 깊은 산 속에서 옹기굽는 일로 생계를 이으며 '교우촌'을 형성하였다. 옹기굽는데 이용되었던 토굴은 감시의 눈을 피해 신앙을 지켜나가는 데 도움이 되었다. 또 구워낸 옹기를 머리에 이거나 등에 지고 나서면 아무 집이나 허물없이 드나들 수 있어 잃은 가족을 수소문하거나 교회 소식을 전하는 데에도 편리했다.

황사영 백서사건

이무렵 천주교인 황사영도 배론에 숨어 들었다. 1801년 8월 주문모 신부의 처형 소식을 들은 그는 배론의 토굴에서 조선 정부의 천주교 박해 사실을 자세히 기록하고, 신앙의 자유와 교회의 재건 방안을 호소하는 글을 썼다. 이것이 유명한 '황사영의 백서帛書'이다. 그리고 그 백서를 중국에 가는 동지사 일행인 황심·옥천희 등을 통해 베이징의 구베아 주교에게 전달하려고 했으나, 발각되고 말았다.

배론성지의 성 요셉신학교
제천시 봉양읍 구학리에 있는 한국 천주교 성지로, 1801년 신유박해 때 황사영이 이곳 토굴에서 당시 박해상황과 신앙의 자유, 교회의 재건을 담은 백서를 작성하였다. 1855년(철종 6)~1866년(고종 3)까지는 우리나라 최초 근대식 교육기관인 성 요셉신학교가 있었으며, 우리나라 두번째 신부 최양업의 묘소가 있다. 배론이란 지명은 이곳의 지형이 배밑바닥 모습과 비슷하여 지어진 이름이다.

영세명이 알렉산드로인 황사영은 서울 출신으로 16세 나이에 장원급제한 바 있으며, 정조가 친히 등용을 약속할 만큼 전도가 유망한 인재였다. 그러나 정약종을 통해 천주학을 접한 뒤 주문모 신부로부터 영세를 받으면서 천주교도의 길을 걷게 된다. 이후 벼슬길을 마다한 그는 1801년 신유박해 때 서울을 빠져 나와 김한빈 등과 함께 배론으로 숨어 들었다. '백서사건'으로 황사영은 역모를 꾀한 대역죄인이 되어 능

지처참의 극형에 처해지니, 그의 나이 27세였다.

백서의 원본은 1백여 년 동안 의금부 창고 속에 보관되어 있다가 1894년에야 비로소 공개되었다. 뮈텔 주교는 1925년 한국 순교자 79위 시복식 때 이를 교황 비오 11세에게 봉정했고, 현재 백서는 바티칸에 소장되어 있다.

배론성지의 유적

백서사건이 일어난 후 조선에서는 천주교가 크게 위축되었다. 그런 가운데 1856년(철종 7) J. A. 메스트르 등의 프랑스 신부들이 배론 산골에 들어와 한국 최초의 신학교인 성 요셉신학교를 세우고 성직자를 양성하였다. 신학교는 천주교도 장주기의 집에 세워졌으며, 학생 열 명에 푸르티에·프티니콜라 두 신부가 있었다. 1864년 말에 처음으로 서품식을 거행하고 2명에게 삭발례와 소품을 주기도 하였다. 그러나 1866년 병인박해가 일어나면서 신부들이 처형당하고 신학교도 폐쇄되었다.

배론에는 최양업 신부의 묘소가 있으며, 산넘어 묘재에는 1866년 병인박해 때 순교자인 남종삼의 생가가 있다. 최양업 신부는 일명 정구(鼎九)라고 하며, 세례명은 토마스이다. 그는 충남 청양 출생으로 1836년(헌종 2) 프랑스 신부 모방에게 발탁되어 마카오에 건너가 신학교를 졸업하고 부제(副祭)가 되었다. 1849년 상하이(上海)에서 마레스카 주교의 집전으로 신품을 받으니, 한국 천주교사상 김대건에 이어 두 번째의 신부가 되었다. 국내로 들어온 그는 배론에 내려와 성 요셉신학교에서 12년간 교육활동에 힘썼다. 그리고 교리 번역과 국내의 천주교 사료 수집에도 크게 공헌하다가 과로와 장티푸스 등으로 사망하였다.

배론은 초기 천주교의 전래와 박해, 그리고 은둔의 역사를 간직하고 있는 천주교의 성지이다. 서울의 절두산 성지가 천주교 박해를 상징하는 유적지라면, 제천의 배론성지는 천주교 전파의 열매를 잉태하기 위한 은둔의 유적지라고 할 수 있을 것이다.

*** 자세히 들여다보기

이원순, 〈황사영백서의 문제〉, 《교회와 역사》, 182호, 한국교회사연구소, 1990

차기진, 〈최양업 신부의 생애와 선교활동의 배경〉, 《교회사연구》14, 한국교회사연구소, 1999. 6

한국교회사연구소, 《한국 천주교회사의 성찰》, 2000

동학사상의 정비와 《동경대전》 간행

동학의 은둔과 태백

1860년 경주에서 동학을 창시한 교조 최제우가 1863년 정부의 탄압으로 사형당하자, 그의 뒤를 이은 최시형은 경상도 영덕·영양의 산골로 숨어 들었다. 그러나 1871년 경북 영해에서 이필제가 난을 일으킬 때 동학이 관계되면서 다시금 탄압을 받기에 이르렀다. 이에 1870년대 초 태백의 산간지대로 옮기게 되고, 1880년대 후반 세상에 다시 나오기까지 동학은 태백 산간에서 은둔하게 된다. 이때 동학의 은둔지는 태백의 깊숙한 영월·정선·인제·양양의 깊은 산골에 위치하였다.

2대 교주 최시형이 처음 은둔한 곳은 영월군 중동면 직동리의 산 중턱에 있는 바위굴이었다. 이 무렵 영월 소밀원에는 동학의 실날같은 뿌리가 내리고 있었다. 최제우와 함께 체포된 동학교도 이경화가 이곳에 유배되었을 때, 장기서를 동학에 입교시킨 것이었다. 원주 출신의 장기서는 태백의 첫 동학교도였다.

그 후 최시형은 박용걸 집에 머무르면서 포교활동을 은밀하게 펴나갔다. 최시형은 그곳에서의 생활이 어느 정도 자리가 잡히자 교조 최제우의 가족을 옮겨오게 하고, 영월신씨 가문과 유인상 등을 교도로 입교시키며 영월·정선 등지에 포교의 발판을 마련해 갔다.

동학 조직과 사상의 정비

최제우 사후 최시형은 동학교도들과 함께 교조의 조난일인 3월 10일, 득도일인 4월 5일, 탄신일인 10월 28일에 그 뜻을 기리기 위한 정기적인 '계'를 가졌다. 그리고 이 모임은 와해 지경에 이른 교단 조직의 복원 및 교도 결속에 크게 기여하였다. 동학 교단의 정비를 통해 최시형은 단일 지도체제를 형성해 갔다. 또한 그는 1875년 동학의 의례를 정비하여, 설법제를 통해 동학의 가르침을 민중에게 전파하였다. 이후 설법제는 1877년 구성제九星祭로, 1897년에는 인등제引燈祭 등으로 발전하면서 동학 포교와 교도 훈련에 크게 기여하였다.

최시형은 1879년 11월 5일 인제의 교도 방시학 집에서 인등제를 거행하고 수단소를 설치하였다. 그리고 1880년 5월 9일에는 인제군 남면 갑둔리에 동학의 경전인《동경대전東經大全》을 새기기 위한 각판소를 설치하였다. 말로만 전해지던 동학 교조의 가르침을 명문화하기에 이른 것이다.《동경대전》을 인쇄하기 위해서는 적지 않은 비용이 소요되었으나, 인근 동학교도들의 열성적 지원에 의해 경비를 마련할 수 있었다. 그리고 1880년대 초 양양·인제 등지에 동학 조직인 접소가 설치되기에 이르렀다.

1884년 갑신정변 후 동학에 대한 탄압이 어느정도 완화되자, 최시형은 동학의 직제로서 육임제六任制를 확립하였다. 이무렵 공주 마곡사에 잠시 머물기도 했던 최시형은 49일 기도 끝에 '하늘님'의 강서降書를 받

●● 구성제 한울님에게 드리는 제사
●● 인등제 구성제와 달리 음식 대신 생쌀과 천, 등불을 올리는 제사

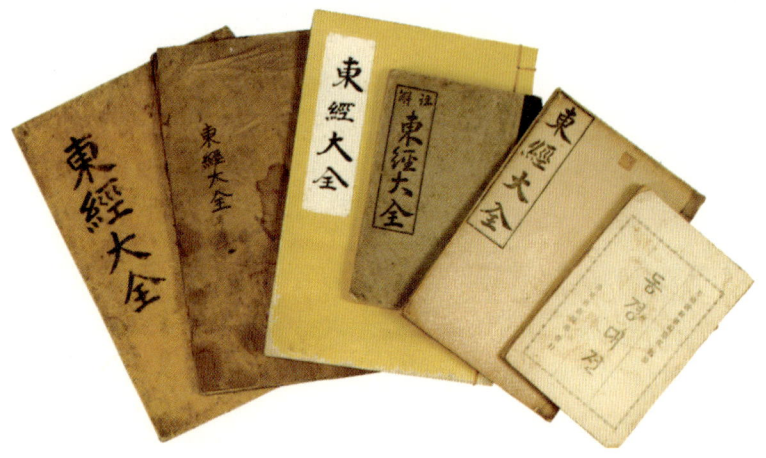

동경대전
동학의 창시자 최제우가 지은 천도교의 경전으로, 순한문 활자본 1권 1책이다. 원래 최제우가 지은 것은 1864년(고종 1) 사형될 때 불태워졌고, 1880년(고종 17) 최시형이 암송한 내용을 엮어 간행하였다.

기에 이르고, 그 가운데 동학 조직의 직제인 육임제를 계시받았다고 전해진다. 교장教長, 교수敎授, 도집都執, 집강執綱, 대정大正, 중정中正 등 여섯 직제로 이루어진 육임제는 동학 조직을 체계화하는데 기반을 이루었다. 처음에는 중앙 본부에만 두어졌던 육임제는 1890년대 초에 이르면 동학의 지방조직인 포소包所 혹은 도소都所에도 시행되었다.

이렇듯 2대 교주 최시형은 태백 산간에 은거하면서 동학사상을 체계적으로 정리했으며, 조직을 정비해 갔다. 어렵던 시기에 동학을 부활시킨데는 누구보다 최시형의 공로가 컸으며, 태백 산간은 그 울타리와 터전이 되었다. 동학이 기나긴 잠복기를 거쳐 1890년대 전국으로 확산되기까지 태백의 산간은 그 버팀목이 되었던 것이다.

《동경대전》의 구성과 내용

동학의 경전인 《동경대전》은 〈포덕문布德文〉, 〈논학문論學文〉, 〈수덕문修德文〉, 〈불연기연不然其然〉 등의 네 편으로 구성되어 있다. 이들 네 편의 내용을 간략히 요약하면 다음과 같다.

〈포덕문〉에서는 동학이야 말로 세상을 구제하고, 나라와 백성을 지키는 것임을 천명하고 있다. 그리고 옛날에는 하늘의 천명을 공경하고 순종하였기 때문에 성인들이 나왔으나, 근래에는 사람들이 제멋대로 살면서 하늘의 뜻을 거역하여 세상이 어지러워졌다고 설파하고 있다. 아울러 서양종교인 천주교가 들어오는 것을 경계해야 한다는 것도 잊지 않았다.

〈논학문〉은 동학을 논한 경문이다. 여기에서는 천지조화의 무궁한 운수와 천도의 무극한 이치를 설파하고 있다. 그리고 서학에 대치한 동학이 창도하게 된 연유를 밝히고 있으며, 교조 최제우가 도를 깨닫기까지의 과정, 동학의 포덕을 위해 마련한 주문, 동학의 교리·사상 등을 전반적으로 서술하고 있다. 〈수덕문〉은 동학의 제자들에게 주는 경문이다. 여기에서는 학문을 배워 덕을 쌓는데 노력할 것을 당부하고 있다. 〈불연기연〉은 하늘의 도리를 어떻게 깨달을 수 있을까 하는 문제들을 통찰하고 있다.

*** 자세히 들여다보기
박맹수, 〈동학의 교단조직과 지도체제의 변천〉, 《1894년 동학농민전쟁연구》 3, 역사비평사, 1993
원영환, 〈강원도 지방의 동학과 동학혁명〉, 《강원문화연구》 5, 강원향토문화연구회, 2000

태백의 동학농민전쟁

두 갈래의 농민군

동학 재기의 보루가 되었던 태백문화권에서는 1894년 초 1차 동학농민전쟁이 일어날 때 별다른 움직임을 보이지 않았다. 그러나 9월 경 2차 동학농민전쟁이 일어나면서 이 지역에서도 농민군이 봉기하였다. 2차 동학농민전쟁 당시 태백문화권에서는 크게 두 세력이 일어났다. 하나는 정선·평창·영월·원주를 무대로 일어난 세력이었고, 다른 하나는 차기석을 중심으로 홍천군 일대에서 일어난 세력이었다.

먼저 기세를 올린 세력은 정선·평창 등지에서 연합한 농민군이었다. 박재호가 인솔하는 1천여 명의 동학농민군은 봉기 후 태백 산길을 넘어 강릉으로 향하였고 1894년 9월 4일 강릉관아를 점령하였다. 이들 동학농민군은 강릉 관아를 점령한 후 보국안민을 위한 기치를 크게 올렸다. 그러나 경포대 앞 선교장의 이회원을 중심으로 한 민보군의 반격으로 강릉부 점령 3일 만에 강릉 관아를 내주고, 평창으로 퇴각하고 말았다. 한편 차기석이 이끄는 홍천 일대의 농민군은 10월 중순 홍천의 내천면 물걸리의 동창東倉을 점령한 뒤 장평·서석 일대에서 관군과 처절한 싸움을 전개하였다.

태백문화권의 농민전쟁에서 주목할 것은, 농민군이 동학 교단의 지시나 지원없이 독자적 활동을 벌였던 점이다. 지역적으로 볼 때 태백문화권은 동학 교단의 지휘에 놓인 북접에 속하면서도, 북접의 온건 노선과 달리 강렬한 투쟁을 전개한 점도 특징을 보이고 있다. 그리고 2차 동학농민전쟁 당시 대부분의 농민군이 서울을 향한 것과 달리 강릉을 점령하기 위해 온 힘을 쏟았던 점이다. 강릉은 관동의 중심지였을 뿐만 아니라 태백문화권에서 사회경제적 조건이 가장 풍요한 곳이었다. 때문에 관리나 지주의 봉건 수탈이 어느 곳보다 심했다. 이들 농민군이 강릉 점령을 1차 목표로 세운 것은 그와같은 배경에서 였다.

농민군 지도자, 차기석

태백문화권에서는 1894년 9월부터 그해 11월 말까지 3개월 동안 그야말로 불꽃처럼 농민전쟁을 전개하였다. 그 가운데 태백의 산길을 누비며 동학농민군을 이끌었던 지도자가 홍천 대접주인 차기석車箕錫이다. 홍천군 내면 사람으로 알려진 그는 문헌에 '학업으로 일삼고 의롭지 않은 거동은 하지 않는다'는 기록을 통해 양반 출신으로 추측되지만, 그 밖에 인적 사항은 전혀 알려져 있지 않다. 그가 홍천에서 처음 농민군을 일으킬 때는 동학 교주 최시형의 동원령에 따라 북접과 합류하기 위해 충청 내륙지역으로 남하할 계획이었다. 그러나 관군이 홍천 남쪽의 통로를 차단하는 상황에서 그는 진로를 바꿔 오대산 근처에 근거지를 마련하고 농민군을 지휘하였다.

차기석이 농민군을 일으켜 첫 전과를 올린 곳은 동창전투였다. 곡식

홍천 내촌 동창 전경
홍천군 내촌면에 있는 옛 동창터로, 현재 농협 창고 앞이 그 자리이다. 이곳에 주변 지역의 물산이 이송되어 모였다고 한다.

을 쌓아두던 동창은 영동과 영서의 해안과 내륙을 이어주는 교통의 중심지였다. 동창에는 주막, 시장거리, 마방馬房 등이 밀집해 있었고, 사람들로 넘치던 곳이었다. 동창을 점령한 농민군은 동창의 곡식을 털어 사람들에게 나눠준 뒤 이웃의 장야촌과 서석면 풍암리 등지에서 관군·민보군 등과 일대 결전을 벌였다. 풍암리는 서석면 소재지로 고양산·삼신산·운무산·아미산으로 둘러싸여 있는 산지이지만, 비교적 넓은 평야가 펼쳐져 자급자족이 가능한 풍요로운 곳이었다. 풍암리 길목의 등성이에 진을 친 농민군은 10월 22일 관군·민보군과 싸웠으나, 조총을 앞세운 관군의 화력을 당해내지 못하여 참패하고 말았다. 이때 농민군의 희생자는 8백여 명에 달했다.

차기석은 서석전투에서 참패한 뒤 본거지인 내면으로 진을 옮겨 농민군을 수습하였다. 이 과정에서 차기석은 홍천의 지도자가 아니라, 강릉·양양·원주·횡성 등지를 아우르는 태백 농민군의 총지휘자로 떠올랐다. 11월 초 관군의 공격이 있었으나, 농민군은 이를 물리치면서 기세를 올렸다.

관군·민보군의 반격도 만만치 않았다. 원주에 주둔하던 일본군까지 가세하면서, 이들 농민군 '토벌군'은 농민군을 사방에서 포위하면서 공격해 왔다. 11월 9일부터 시작된 '토벌군'의 공격은 사면포위 작전을 통해 이루어졌다. 서남쪽에서는 봉평의 포군대장 강위서가 보래령을 넘어, 남쪽에서는 양양의 민보군 대장 이석범·박동의 등이 운두령을 넘어, 동쪽에서는 이국범이 이끄는 관군이 신배령을 넘어, 서쪽에서는 이석범의 부종관인 김익제가 응봉령을 넘어 농민군의 근거지인 내면을 공격해 왔다.

11월 14일까지 농민군은 토벌군을 맞이하여 창촌·원당·청도·약수포 등지에서 마지막 혈전을 벌였으나 끝내 패퇴하고 말았다. 6일간에 걸쳐 벌어진 대소 전투에서 농민군의 희

홍천 풍암리 동학혁명군전적비
홍천군 서석면 풍암리에 있는 동학농민군의 전적비로, 동학군이 최후의 항전을 벌였던 자작고개 왼쪽 언덕 위에 있다. 1976년 자작고개에서 동학군의 유해가 발견된 뒤, 동학혁명군의 원혼을 달래고 위업을 기리기 위해 세웠다.

장평 전경
동학농민군이 태백의 산길과 물길을 따라 행군하였던 장평은 영동고속도로의 개통으로 옛 모습을 잃고 있다.

생이 수천에 달했으며, 오대산·계봉산 자락의 격전장은 농민군의 피로 붉게 물들여졌다. 이때 관군에 사로잡힌 차기석은 강릉으로 압송된 뒤 11월 22일 강릉 관아 형장에서 효수되고 말았다.

*** 자세히 들여다보기

원영환, 〈강원도 지방의 동학과 동학혁명〉, 《강원문화연구》 5, 강원향토문화연구회, 2000
이이화 외, 《동학농민전쟁 역사기행》, 역사문제연구소, 1993
이이화, 《동학농민전쟁 인물열전》, 한겨레신문사, 1994
국사편찬위원회, 《한국사》 39, 2003

태백 동학농민군의 항전

전기의병의 상징, '호좌창의진'의 유인석

호좌창의진의 결성

의병전쟁은 크게 전기의병, 중기의병, 후기의병, 전환기의병, 말기의병 등 다섯 단계로 나눈다. 전기의병은 흔히 '을미의병'이라고 하는데, 이 시기 의병은 1894년부터 일어나 이듬해 국모시해와 단발령 등에 의해 전국적으로 일어났다.

유인석 의병은 처음에는 문하생 이필희·안승우·이범직 등에 의해 일어났다. 이들은 1896년 1월 12일 지평砥平(양평)의 김백선이 이끄는 포군砲軍의 지원을 받아 원주 안창리에서 의병의 깃발을 올렸다. 이는 단발령 공포 이후 13일 만의 일이었다. 이들 의병부대는 1월 17일 제천으로 나아가 의병 세력을 확장해 갔다. 그리고 이필희를 중심으로 한 부대는 단양으로 이동하였으며, 관군과의 첫 전투에서 승리를 이끌어 내기도 했다. 그러나 관군이 증파되면서 이들 의병은 죽령을 넘어 풍기, 영춘 등지를 지나 영월로 들어갔다. 이들이 영월로 들어간 것은 스승 유인석이 영월에 머물고 있었기 때문이다.

1842년 춘천 가정리에서 출생한 의암毅菴 유인석은 일찍이 화서華西 이항로李恒老 문하에서 김평묵·유중교로부터 위정척사적 성리학을 연마하였다. 1866년 병인양요 때 스승인 화서를 따라 서울로 올라와 척화론을 주장했으며, 1876년 강화도조약 때는 화서학파 인사들과 함께 상소를 올리며 조약체결을 반대하였다. 1893년 제천 장담에서 제자를 양성하던 스승 유중교가 세상을 뜨자, 그는 화서학파의 최고 원로로서 제천으로 거처를 옮기고 유중교의 유업을 이어 나갔다.

1895년 국모가 시해되고 단발령이 발포되는 등 '망국의 변'을 당하자, 유인석은 의병거의, 국외망명, 자정순국 등의 방안을 놓고 고심하고 있었다. 그의 문인들은 스승에게 의병에 나설 것을 강력하게 건의하였다. 이들의 건의에도 그는 모친상과 병사 지휘능력의 부족을 들어 세 차례나 사양하였다. 그렇지만 거듭 건의를 하자, 마침내 1896년 2월 3일 영월성 문루에 '복수보형復讐保型'의 큰 깃발을 내걸고 대장소를 설치하여 의병대장에 취임하니, 이것이 '호좌창의진湖左倡義陣'이다.

●● 복수보형 국모의 원수를 갚고 형체(국가)를 보전함.

호좌창의진의 지휘부는 유인석의 문인인 화서학파의 유생들이 맡았고, 병사부는 주로 동학농민군과 포수 출신의 평민들로 구성되었다. 화서학파는 유림 중에서도 특히 위정척사적 의식이 강한 학풍을 지니고 있었다. 때문에 반일의식이 강렬했으며, 그러한 논리에서 의병으로 나갈 수 있었다. 또한 포수와 농민군 출신으로 구성된 병사부는 어느 의병보다 강한 전투력을 지니고 있었다. 유생이 주도하는 의병에 동학농민군 출신의 평민들이 참가한 것은 한말 의병전쟁이 신분을 초월하여 전개된 사실을 보여주는 것으로 근대사적 의미에서도 주목할 만한 것이었다.

호좌창의진의 전투와 서북행

유인석 의병부대, 즉 호좌창의진은 진용을 정비하고 2월 11일 제천으로 진군하였다. 이곳에서 호좌창의진은 단양군수와 청풍군수를 처단하고, 그 여세를 몰아 충주성을 공격하였다. 충주성에는 이미 관군이 의병을 '진압'하기 위해 포진하고 있었으나, 유인석 의병부대는 관군을 패퇴시키고 충주부 관찰사 김규식을 처단하는 쾌거를 올렸다.

충주성을 점령한 직후 호좌창의진은 중군장 이춘영의 건의로 서울 진공작전을 세웠다. 그러나 관군의 병참기지인 수안보전투에서 이춘영이 전사한데 이어 충주성에서 주용규가 전사하면서 유인석 의병부대는 충주성에서 철수하였다. 이들 의병부대는 당초 청주방면으로 이동할 계획이었으나, 그 길목을 일본군이 장악하고 있었으므로 방향을 바꿔 청풍지역으로 퇴각하니 충주성 점령 18일 만의 일이었다.

청풍을 거쳐 제천으로 퇴각한 의병부대는 진용을 재정비하는 한편, 문경의 이강년, 영춘의 권호선, 원주의 한동직·이인영·이명로 등 주변의 의병세력을 규합하면서 전열을 다듬어 갔다. 1896년 3월 19일 이강년이 이춘영에 이어 수안보를 공략하였으나 성과를 거두지 못하였다. 그런 가운데 유인석 휘하의 서상렬은 영남의

양구 항일의병전적비
양구군 양구읍 공리와 석현리 사이 실학고개에 있는 전적비로, 유인석·이강년·최도환 등 의병의 공적을 기리기 위해 1978년에 건립하였다.

태백의병의 활동

진과 연합하여 연합의진을 구성할 수 있었다. 이들 연합의진은 상주의 일본군 병참을 공격하였으며, 이어 함창 태봉의 일본군 수비대를 공격하였다. 하지만 대구에 주둔하던 일본군의 증파와 열세한 전력으로 인해 패퇴한 채 예천 방면으로 퇴각하였다. 포수 출신 김백선 역시 3월 16일 제천을 출발하여 가흥의 일본군을 공격하였으나 숫적인 열세로 패하였다. 가흥전투에서 의병부대의 주력인 포수들이 크게 희생당하면서, 유인석 의병부대의 전력은 커다란 손실을 입게 되었다. 또한 의병부대의 사기도 크게 저하되었다. 이후 유인석 의병부대는 적극 공세보다는 제천 본진을 지키는 수세적 태도를 취하였다.

이 무렵 일본군과 연합한 장기렴의 친위대 및 강화진위대가 의병을 해산하기 위해 남하해 왔다. 관군은 의병의 명분이던 단발령이 철회되고, 친일내각이 해체되었으므로 의병을 해산시키라고 종용하였다. 을미의병 당시 대부분의 의병들은 이런 관군의 권유를 받아들여 의병을 해산하였지만, 유인석 의병부대는 해산하지 않은 채 의병활동을 고집하였다. 그것은 일본군을 철퇴하고 일본식 개화를 물리칠 때까지 의병을 해산할 수 없다는 위정척사적 신념에서 였다. 관군과 의병의 대치는 두달여 동안 지속되었다.

5월 23일 드디어 관군이 제천을 향해 대대적 공격을 감행하였다. 5월 25일 제천 남산성 근처 고장림古場林 전투에서 중군장 안승우가 전사하고 의병은 패퇴하였다. 때마침 내린 비로 인해 화승총에 불을 붙이지 못한 것도 의병 패배의 결정적 요인이 되었다. 당시 의병의 무기는 화약에 불을 붙여 사용하는 화승총이 대부분이었다. 때문에 비가 오면 화약에 불을 붙이지 못하여, 화승총은 무용지물이나 마찬가지였다. 최악

제천 자양서사紫陽書舍
제천시 봉양읍 공전리에 있는 제천의병의 진원지로, 1889년(고종 26)에 유중교가 후학을 양성하기 위해 건립하였으며, 그 뒤 자양서사로 바뀌었다. 1895년 유인석이 이곳에서 팔도유림을 모아 비밀회의를 하였으며, 1906년 이소응이 화서학파의 선현들을 기리기 위해 현재의 건물 옆에 '자양영당'을 세웠다. 송시열·이항로·유중교·유인석·이직신의 영정이 봉안되어 있다.

의 상황에서도 의병은 물러서지 않고 최후까지 투쟁을 전개하였다. 중군장 안승우를 따르던 소년의병 홍사구洪思九가 안승우 곁을 지키다가 장렬하게 전사한 것도 이 전투에서였다. 현재 제천 의림지 근처에는 소년의병 홍사구의 묘가 남아 있다.

관군의 공세에 밀려 유인석 의병부대는 제천에서 철수하여 단양방면으로 퇴각하였다. 이후 유인석 의병부대는 소규모의 전투를 전개하면서 경기도 여주와 강원 일대에서 의병 재기를 모색하다가, 서북지역을 거쳐 만주로 망명하였다.

호좌창의진의 역사적 의미

호좌창의진의 의병 정신을 한마디로 말하면 성리학적 민족주의였다. 이들은 성리학의 가치 기준에서 일제 침략을 직시할 수 있었고, '옳은 것을 지키고, 사악한 것을 배척한다'는 위정척사적 의식에서 의병을 일으킨 것이다. 이런 위정척사적 의식은 특히 화서 이항로를 잇는 화서학파 계열에서 강하게 나타나고 있었다. 때문에 그들은 강렬한 무장투쟁도 마다하지 않았다. 포수와 동학농민군 출신들로 이루어진 병사부의 전투력도 전기의병 가운데 가장 강력한 것이었다. 그같은 바탕에서 이들은 초기에 관군을 물리치고 제천과 충주성을 함락시킬 수 있었다.

정신은 드높고 기개는 치솟았으나, 화승총으로 무장한 의병의 화력으로 근대식 무기로 무장한 일본 정규군을 당해낼 수 없었다. 숫적으로나 전력으로나 의병은 처음부터 일본군의 상대가 될 수 없었다. 그러나 이들은 오로지 정의와 대의를 지키기 위해 의병을 일으켰으며, 최후까지 신념을 지키다 장렬하게 산화해 갔다. 유인석이 이끈 호좌창의진은 의병사의 첫장을 장식할 뿐아니라 한국독립운동의 개막을 알리는 신호탄이었던 것이다.

*** 자세히 들여다보기

조동걸, 《한말의병전쟁》, 독립운동사연구소, 1989
윤병석, 《한말의병장열전》, 독립운동사연구소, 1991
광복회 강원도지부, 《강원도항일독립운동사》 1 ·2 ·3, 1991~1992
유한철, 〈유인석의병연구〉, 국민대박사학위논문, 1997
박민영, 《대한제국기 의병연구》, 한울, 1998

관동 9군을 호령하던 '관동창의군'과 민용호

의병장 민용호

태백 일대에서는 전기의병을 대표하는 두 개의 세력이 있었으니, 유인석의 '호좌창의진'과 민용호의 '관동창의군'이 그것이다. 호좌창의진이 제천·충주·영월·정선 등지의 내륙지역을 무대로 활약했다면, 관동창의군은 강릉을 중심으로 관동 9개 군을 아우르면서 울진에서 원산으로 이어지는 동해안 길을 누비며 의병의 기치를 크게 높였다.

이들 두 의병부대는 각지의 의병들을 결집한 대규모 연합의병이었다. 그리고 유인석과 민용호 두 의병장 모두 위정척사적 의식이 남달랐던 점이나, 의병 해산을 거부한 채 강력한 무장투쟁을 전개한 점, 최후의 수단으로 해외 망명을 결행한 점 등 활동 양상에서 공통점을 지니고 있다.

민용호 의병장은 1869년 경남 산청에서 태어났다. 그는 어릴 때 집안 어른인 민치량에게 학문을 배웠으며, 민치량은 노사 기정진의 문인이었다. 그는 또한 노사의 문인인 정재규로부터도 가르침을 받았다. 기정진은 1866년 병인양요 때 척사소를 올려 화서 이항로와 함께 위정척사의 양대 인물로 손꼽히던 인사였다. 때문에 그는 노사의 위정척사적 학통으로 연결되고 있었다. 이러한 그의 학문적 성향은 의병을 일으키는 배경이 되었다고 보아야 할 것이다.

그러나 그는 10대 후반에 아버지를 잃으면서, 화전민으로 전락할 정도로 매우 곤궁한 생활을 보내야 했다. 20대 초반 서울로 올라온 그는 민치우의 양자로 들어가면서 삶의 전환기를 맞이하게 된다. 민치우는 여흥 민씨 민정중의 5세손이었다. 민정중은 송시열의 문인으로 숙종 왕비 인현왕후의 아버지 민유중의 형이다. 당시 국모였던 명성황후가 민유중의 6세손녀였으니, 민용호와 명성황후와는 14촌 남매간이 되는 셈이었다. 그는 여흥 민씨의 세거지 여주로 내려와 학문에 정진하던 중 1895년 명성황후가 시해되고 단발령이 발포되자 '삼천리 강산 5백년 예의禮義의 조선이 하루 아침에 왜의 땅, 왜의 풍속으로 변하고 말았다'면서 의병을 일으켰다.

관동창의군의 결성

1896년 1월 의병의 뜻을 세운 민용호는 원주로 달려갔다. 당시 원주는 춘천·강릉과 함께 태백문화권의 3대 요지를 이루는 곳이었다. 그는 원주에서 이병채·안성호와 도포수 박한옥 등을 규합한 뒤, 치악산 밑 신림神林에 도착하여 '한마음 한뜻으로 국사를 회복할 것을 맹서'하는 결의를 맺으며 의병대장으로 추대되었다. 이때 그의 나이 27세였다.

그는 단발을 강요하는 평창군수를 처단하기 위해 의병부대를 이끌고 평창으로 진격하였다. 그러나 군수 엄문환이 도망쳐 평창을 무혈 점령할 수 있었다. 평창에서 산포수들을 규합한 그는 의병 진용을 정비하여 강릉으로 진군하였다. 진군 도중 1896년 1월 24일 방림에 도착해서는 '팔도에 알리는 격문'을 발표하여 왜군 토벌의 깃발을 드날렸다.

이들 의병부대가 강릉에 이르렀을 때 토착세력의 반발도 있었지만, 단발령에 앞장 선 경무관 고준석을 처단하면서 민심을 규합할 수 있었다. 강릉에 입성한 이들은 활터에 창의소의 군문을 설치하고, 향교 근방에 군영을 설치하였다. 그리고 동해안의 주문진·강동진 등 12진津에 병사들을 배치하여 일본 군함과 상선들의 침입에 대비하는 한편 삼척·양양·간성 등지의 의병을 아우르면서 세력을 확대해 갔다. 또한 의병을 모집하기 위해 '북으로는 함남, 남으로는 영남'에 이르기까지 소모사를 파견하기도 했다. 그리하여 강릉에 의진을 설치한지 한달여 만에 관동창의군의 규모는 2천 5백여 명에 달했다.

원산진공전에서 북상까지

1896년 3월, 관동창의군은 강릉을 떠나 동해안의 유일한 개항장인 원산항으로 진군하였다. 당시 원산은 일제 침략의 근거지로 변해 있었다. 때문에 이들은 원산을 치고, 그 여세를 몰아 서울로 진격할 계획이었다. 그런데 원산의 길목인 안변의 신평新坪 장터에 이르렀을 때, 뜻밖의 폭우를 만나고 말았다. 하는 수없이 의병부대가 신평에 머무는 동안, 일본군은 의병에 대한 정보를 파악한 뒤 3월 19일 기습 공격을 감행해 왔다. 전투가 벌어지던 날 쏟아붓듯 내리는 진눈개비로 의병들은 화승총을 쏠 수가 없었다. 의병들은 백병전까지 벌이며 항전했으나 끝내 패하여 사방으로 흩어지고 말았다.

한달여 만에 강릉으로 퇴각한 민용호는 의병 진용을 새롭게 정비해

갔다. 때맞추어 춘천 의병장 이경응과 장한두, 횡성 의병장 최중봉, 양양 의병장 이우열, 그리고 경상도 영양의 김도현 의병장 등이 의병을 이끌고 합세하면서 전력을 회복할 수 있었다. 이들은 울진 죽변 항구에 상륙한 일본인 밀정을 처단하는 한편 묵호에서 일본 상선과 해안전투를 벌여 일본 선박 3척을 격침시키는 성과를 거두기도 했다.

그런데 이무렵 대구의 관군·일본군 혼성부대가 공격해 왔다. 이에

강릉 관아 칠사당
강릉시 명주동에 있는 조선시대 지방관의 집무처로 지방관들의 중요 임무인 7사七事, 즉 호적·농사·병무·교육·세금·재판·풍속 등 정사를 베풀었다고 하여 칠사당이라 불렀다. 현재의 건물은 1866년(고종 3) 진위병영鎭衛兵營으로 사용되었다가 불탄 것을 이듬해 강릉부사 조명하가 중건한 것으로, 강릉군수의 관사로 쓰이다가 1980년에 복원되었다.

민용호는 5월 11일 중군장 최중봉을 급파하여, 삼척에서 올라오는 일본군을 백복령에서 크게 격파하는 전과를 올리기도 했다.

그러나 5월 24일 서울에서 파견된 관군이 양양 방면에서 의병부대를 공격해오자, 전력이 열세한 의병부대는 강릉을 버리고 산간 협지인 임계로 물러날 수 밖에 없었다. 그리고 추격하는 관군을 상대로 대관령 밑 대공산성에서 크게 싸움을 벌인 뒤 다시 남쪽으로 이동하여 삼척으

강릉 객사 객사문
강릉시 용강동에 강릉객사의 정문으로, 936년(고려 태조 19) 83칸의 객사 건물을 세울 때 만들어졌다가 그 뒤 수차례 중수되었다고 전한다. '임영관臨瀛館'이라는 현판은 1366년(공민왕 15) 공민왕이 낙산사로 행차할 때 쓴 것으로 전한다. 일제 때 객사에 강릉공립보통학교가 들어선 뒤 객사문만 남았으며, 현재 객사문 뒤로 객사 건물이 새로 건립되고 있다. 국보 제51호로 지정되었다.

로 후퇴하였다.

  삼척에 도착한 관동창의군은 갈야산성에 본진을 설치하고, 읍성과 남산 등지에 의진을 분산 배치하여 관군의 공격에 대비하였다. 관군의 공격이 시작되면서, 쌍방간의 전투는 하루 종일 계속되었다. 이 전투로 삼척의 산과 들은 피바다, 불바다를 이루었다. 갈야산성전투 또는 삼척 전투라 부르는 이 전투에서는 승자와 패자가 따로 없었다. '강릉으로 생환한 자가 50여 명에 지나지 않았다'고 할만큼 관군의 피해도 막심하였다. 의병 또한 끝내 삼척을 포기한 채 정선으로 퇴각해야 할 정도로 타격이 극심했다.

삼척전투 후 의병부대는 양양·간성·순포 등지로 이동하면서 관군과 여러 차례 혈전을 벌이면서 승전과 패전을 거듭하였다. 그런 가운데 6월 24일 양양에 주둔하던 관군을 선제 공격하여 대승을 거두기도 했다. 그러나 장마철이 시작되면서, 의병의 주요 화력인 화승총이 무용지물이 되고 말았다. 더 이상 싸울래야 싸울 무기가 없는 상황에서, 의병은 경북 울진까지 퇴각하였다.

의병전쟁을 수행하기에 관동창의군은 너무 지쳐 있었다. 이에 민용호는 8월 초 북상을 결심하기에 이르렀다. 이때 그는 중국으로 망명하여 조직을 재정비한 뒤 의병전쟁을 수행하겠다는 생각이었다. 그는 5백여 명의 의병을 이끌고 북상길에 나섰다. 의병부대는 정선·인제·평강·고원·영흥·정평 등지를 거쳐 9월 초 함흥에 입성하였으나, 또다시 패전하고 의병은 사방으로 흩어지고 말았다. 그가 1백여 명의 잔여 병력을 이끌고 삼수와 후창을 거쳐 압록강을 건너 만주땅으로 넘어가니, 관동창의군의 의병전쟁도 막을 내리게 되었다.

*** 자세히 들여다보기

조동걸, 《한말의병전쟁》, 독립운동사연구소, 1989
윤병석, 《한말의병장열전》, 독립운동사연구소, 1991
박민영, 〈민용호의 강릉의병항전에 대한 연구〉, 《한국민족운동사연구》 5, 1991
광복회 강원도지부, 《강원도항일독립운동사》 1·2·3, 1991~1992
박민영, 《대한제국기 의병연구》, 한울, 1998

태백 전역을 물들인 후기의병의 자취

후기의병의 신호탄, 원주진위대

1907년은 한말 의병전쟁사에서 커다란 분기점을 이루는 시기였다. 헤이그 특사의 활동이 알려지면서, 광무황제의 강제 퇴위, 정미7조약, 군대해산 등으로 일제 침략이 노골화되면서 해산 군인이 참전하는 등 국민적 의병전쟁이 전국으로 확산되어 갔다. 이때의 의병을 후기의병이라 일컫는데, 태백문화권에서는 1907년 8월 5일 원주진위대가 첫 포화를 터트렸다. 구한국 군대는 전기·중기의병 때만 해도 의병을 탄압하던 군대였지만 망국의 변을 당하면서 의병으로 돌아선 것이다. 근대식 군사훈련을 받고 신식무기를 지닌 해산 군인이 대거 참전하면서 의병 전력도 급증하였다.

원주진위대는 본대가 251명의 병력이었고, 강릉에 별도로 50명의 분견대를 배치하고, 일부 병력은 여주에도 배치하고 있었다. 8월 10일 군대해산을 앞두고, 대대장 참령 홍유형이 서울에 올라가자 정위 김덕제와 특무정교 민긍호가 진위대원 2백 5십여 명을 이끌고 의병을 일으켰다. 이들은 무기고의 소총 1천 6백여 정과 탄환 4만여 발로 무장하고 원주 시내를 장악하였다. 여주의 파견병들도 의병에 합세하였다. 산 포수·일반 평민들이 가세하면서 의병부대는 순식간에 1천여 명으로 불어났다. 의병부대는 효율적인 전투를 위해 김덕제·민긍호·한갑복·손재규 등의 부대로 편성하여 활동하였다.

특히 김덕제 부대와 민긍호 부대의 활약이 컸다. 김덕제 부대는 평창을 공략한 뒤 동해안 지방으로 진군하여 강릉·양양·간성·통천을 거쳐 함경도로 북상하여 용맹을 떨쳤다. 민긍호 부대는 제천·충주·홍천·죽산·장호원 등 중부 내륙지방에서 활약하면서 신화같은 전과를 올렸다. 이무렵 6백여 명으로 대부대로 증원된 민긍호 부대는 제천·청풍 등지를 점령하여 일진회 주구배를 처단하면서 충주로 진격하였다. 그러나 연합작전을 도모하려던 이강년 의병과 연락이 닿지 않아 충주 점령의 뜻을 이루지 못하였다. 13도창의군의 서울진격작전에 참가했던 민긍호 부대는 1908년 2월 원주로 회군하여 태장벌에 주둔한 일본군을 공격하여 대격전을 벌였다. 이때 그는 부상을 입고, 치악산으로 퇴각했다가 2월 29일 횡성의 태종대 부근에서 최후 결전을 벌이다가 장렬하게 전사하였다.

국민적 의병전쟁의 요새

원주진위대가 의병으로 참전하면서 폭발한 태백의 후기의병은 불과 두세 달만에 태백 전역으로 확산되었다. 문헌에 의해 확인되는 의병부대만도 50여 개가 넘었다. 의병의 활동 지역도 춘천·원주·횡성·강릉·삼척·철원·홍천·양양·정선·평창·고성·회양·간성·제천·충주·울진 등 어느 한곳도 의병이 일어나지 않은 곳이 없었다. 의병장도 민긍호·

강원감영 포정루

강원감영은 원주시 일산동에 있는 관아로, 1395년(태조 4)에 설치되어 1895년(고종 32) 팔도제가 폐지될 때까지 5백여 년동안 강원도 지방행정의 중심이었다. 정청인 선화당을 비롯하여 재은당, 포정루, 객사 및 부속 건물 등 31동이 있었으나 현재 선화당, 포정루, 청운당 만이 남아 있다. 강원감영 이전 원주목 관아의 건물터 등이 잘 남아 있어 우리나라 관아 건축을 알 수 있는 중요한 유적이다.

허위·박선명·지용기·최영석·최천유·인찬옥·유태석·김정삼·길희정·유홍석 등 일일이 열거하기 어려울 정도로 많았다. 그야말로 태백의 골짜기와 능선 모두가 의병의 요새와 기지가 되었으며, 수만명의 의병이 태백의 산과 들을 누볐다.

이들 의병은 각자 활동을 펴기보다는 서로 연대 또는 연합하면서 대규모 의병전쟁을 전개하였다. 이러한 연합활동은 후기의병의 특징이

기도 하였다. 태백문화권에서 의병의 연합은 춘천, 원주, 김화, 울진 등지에서 이루어지고 있었다. 즉 춘천에서는 박선명·지용기·최영석·최천유 의병부대가, 원주에서는 민긍호·오정묵·김치영·한상설·이강년 의병부대가, 김화에서는 허위·연기우·김영준 의병부대가, 강릉에서는 박화남·민긍호·이강년·주광석 의병부대가 연합하면서 활동하였다. 이들 의병부대는 적게는 3백명에서 많게는 2천명에 달하는 대부대를 형성하였다.

태백의 의병에서 주목할 것은 의병전쟁을 수행하기 위해 화약제조소를 직접 설치하였던 점이다. 당시 양구 등매동과 춘천 가정리에는 화약제조소가 설치되어 있었으며, 양구의 화약제조소는 양구의병 뿐아니라 이웃의 다른 의병에까지 공급할 정도로 규모가 컸다. 전국적으로 화약제조소가 있었던 곳은 태백 이외에 전남 화순의 쌍산의소 정도일 뿐이니, 태백의 의병항전이 얼만큼 치열했던가를 잘 말해주고 있다.

13도창의군의 발원, 관동창의대

1908년 초 13도창의군의 1만여 명이 벌인 서울진격작전은 최대의 의병전쟁이었다. 서울진격전은 대한제국이 멸망했다는 전제아래 추진된 의병 작전이었다. 따라서 국민의 관심도 매우 높았다. 심지어 재미한인사회에서 발행하던 《공립신보》는 '한국의 자유전쟁'이라고 이름하면서 연일 의병작전을 지원하는 기사와 논설을 보도하였다.

이러한 서울진격작전의 발원은 원주에서 활동하던 관동창의대였다. 관동창의대는 1907년 9월 원주 지역에서 활동하던 이은찬·이구채가

문경에 은신해 있던 이인영을 관동창의대장으로 추대하면서 연합의병으로 결성되었다.

이때 임진강의 의병인 허위의 부대가 원주에 당도하면서 전국적 연합의병의 형성이 본격적으로 추진되어 갔다. 이들은 관동창의대장 이인영의 이름으로 서울의 각국 영사관 그리고 해외 동포에까지 의병전쟁의 합법성을 설명하고 서울 진격을 선언하는 통문을 발송하는 한편 전국 각 의병진영에 연합 전략을 펼 것을 호소하는 통문을 돌렸다. 그리하여 11월에는 전국에서 의병부대가 양주로 집결하니, 48개의 의병부대와 1만여 명의 의병이 참가하였다. 이때 태백의 의병부대가 주력을 이루었음은 물론이다. 이로써 전국 의병의 연합체인 13도창의군이 성립되었으며, 1907년 12월 양주에서 의병들은 서울로 진격하였다.

1908년 1월 동대문 밖까지 진출한 13도창의군은 두달여에 걸쳐 일본군과 치열한 싸움을 폈으나, 서울 탈환이라는 뜻을 이루지 못한 채 해산하고 말았다. 그 뒤 허위·이은찬·김규식 부대 등은 임진강연합의병을 결성하고 서울진격작전을 다시금 진행시켜 나갔다.

*** 자세히 들여다보기
조동걸, 《한말의병전쟁》, 독립운동사연구소, 1989
윤병석, 《한말의병장열전》, 독립운동사연구소, 1991
유한철, 〈1907~1910년 강원도 의병진과 활동〉, 《한국독립운동사 연구》 5, 독립운동사연구소, 1991
광복회 강원도지부, 《강원도항일독립운동사》 1·2·3, 1991~1992
서태원, 〈대한제국기 원주진위대 연구〉, 《호서사학》 37, 호서사학회, 2004

태백의 3·1운동

태백 3·1운동의 원류

　3·1운동은 전국 각처에서 남녀노소를 불문하고 전민족적으로 전개되었다. 만세시위에 참가한 사람이 2백 만명이 넘었고, 시위 횟수도 2천 회가 넘었다. 그야말로 전국이 모두 만세 시위장이었다.

　강원 지역의 경우도 예외가 아니었다. 인적이 드문 산골에서도 만세운동이 일어났다. 그들 가운데는 양반과 평민의 구분이 없었고, 기독교와 천도교 같은 종교적 차이도 없었다. 그 가운데 주목할 것은 강원 지역 3·1운동에서 의병 출신들이 대거 참여하고 있었던 점이다.

　앞서 보듯이 태백문화권은 의병의 격전지였다. 시위의병이 주류를 이루던 전기의병 때도 이곳에서는 포수들이 참여하면서 격렬하게 의병전쟁을 일으켰다. 이후에도 이곳은 의병의 본거지로서 수많은 의병전쟁을 치렀다. 때문에 태백을 둘러싼 지역에서는 일찍부터 항일의식이 발달하고 있었다.

　그밖에도 이 지역의 항일의식은 다양한 경로를 통해 솟구치고 있었다. 따라서 지역마다 만세운동의 주체와 성격도 다양하게 나타나고 있었다. 전기의병에서 볼 수 있듯이, 춘천·원주·영월·정선 등지는 척사유림의 전통이 강한 곳이었다. 아울러 동학이 재기의 발판을 마련한 제

2의 성지인 태백에는 천도교의 전통도 강했던 곳이다. 그리고 철원·춘천 등지는 철도 연변 도시로서 교통의 이점으로 일찍부터 신교육과 기독교가 발달하고 있었다. 거기에 광무황제가 독살되었다는 소식이 태백을 메아리치면서, 도시와 농촌, 산골에서 저마다 만세운동을 외치고 나섰던 것이다.

태백 3·1운동의 전파와 확산

태백의 만세운동은 천도교 계통을 통해 처음 전달되었다. 3·1운동이 일어나기 전날인 2월 28일 중앙 천도교회의 안상덕이 독립선언서 7백 매를 천도교 평강교구장 이태윤에게 전하였으며, 이태윤은 그것을 3월 초에 이천·철원·김화·화천·춘천·회양 등지에 배포하면서 만세운동에 불을 지폈다. 그리하여 3월 10일부터 12일까지 철원·금화 등지에서 만세시위가 일어났다.

철원에서는 3월 10일 읍내에서 1천여 명의 농민들이 만세시위를 벌인데 이어, 다음날에도 7백여 명이 재차 시위를 전개하였고, 12일에는 지포에서 8백여 명이 시위를 일으켰다. 읍내의 시위에는 학생과 기독교 인사들의 역할이 컸다. 그런가 하면 내문면에서는 4월 8일 천도교가 주도하여 8백여 명의 시위대가 면사무소를 습격하는 과격한 만세시위를 전개하였다.

이웃 금화에서는 3월 12일 읍내에서 1천여 명이 만세시위를 전개한 뒤 3월 28일과 29일 이틀에 걸쳐 창도에서 기독교인과 농민 5백여 명이 헌병주재소와 우편소를 습격하는 시위를 벌였다. 4월 4일에는 하소

홍천 동창 기미만세상
홍천군 내촌면 동창에 있는 3·1운동 기념상으로, 마방터로 알려진 김덕원 열사 추모공원 안에 세워져 있다.

리에서 3백여 명이 시위를 일으켰다.

 이렇듯 철원과 금화 등지에서 비교적 이른 시기에 만세시위가 일어났던 것은 서울과 교통이 편리한 이점을 지니고 있었던 때문으로 파악된다. 그러나 태백의 대부분 지역은 3월 하순이 될 때까지 별다른 움직임을 보이지 못했다. 이는 아직까지 철원과 평강 등지를 제외하면, 태백의 교통 수단이 조선시대의 전근대적 방법에 의존하고 있었으며, 산악이 남북·동서로 뻗어 있어 진원지를 마련할 수 없었기 때문이다. 그런 가운데 3월 23일 화천, 27일 횡성과 원주 등지에서 만세시위가 일어나면서, 태백 전역으로 확산되기 시작하였다.

근대 격동기의 은둔과 저항

화천에서는 3월 4일 읍내에 선언서가 배포된 뒤 23일 읍내에서 천도교인을 중심으로 60명이 만세시위를 벌였으며, 28일에는 상서면에서 천도교인과 농민 2천여 명이 만세시위를 벌이며 면사무소를 습격하였다.

원주에서는 3월 27일 서당 생도가 중심이 되어 만세시위를 벌였고, 4월 3일부터 읍내를 비롯하여 소초·귀래면·건등면·지정면·업면·운남면 등지에서 1~2백 명 규모의 시위가 이어졌다.

통천에서는 4월 3일 장전에서 기독교인이 중심이 된 40여 명이 시위를 일으킨 것을 시작으로 6일에는 고저에서 1천 5백여 명의 노동자·농민이 주재소와 면사무소, 우편소를 공격하는 시위운동을 벌였고, 7일에도 2백여 명의 시위대가 일제 기관을 공격하는 양상으로 시위운동을 전개하였다. 홍천에서는 천도교인이 주도하여 4월 1일 읍내에서 2백여 명이 시위한 데 이어, 같은 날 북방면에서도 시위가 일어났다. 또한 읍내에서 다음날에도 시위가 일어났으며, 역시 같은 날 물걸리에서 8백여 명, 3일에는 성수리에서 8백여 명의 규모로 시위가 일어났다. 도관리에서는 4월 3일과 11일에도 시위가 있었다.

횡성에서는 읍내에서 3월 27일 3백여 명, 4월 1일에 1천 3백여 명, 2일에 5백여 명의 규모로 시위가 연이어 일어났다. 이때 천도교인을 중심으로 일제 관공서를 습격하는 등 공세적 시위를 벌였다. 특히 4월 1일의 읍내시위에서 2회에 걸쳐 일제 관공서와 상점을 파괴했으며, 일병의 발포로 2명이 죽고, 다수가 부상하는 일이 발생하기도 했다.

양양은 태백 지역에서 만세시위가 가장 격렬하게 일어난 곳이었다. 4월 4일부터 9일까지 읍내에서 4회, 물치·손양·차마·기토문·서면 등에서 많게는 1천 수백명에서 적게는 2~3백명의 규모로 시위가 일어

강릉 3·1 독립만세운동기념탑
경포 입구에 있는 기념비로, 강릉 3·1운동의 정신을 기리기 위해서 최근에 세웠다.

났는데, 천도교와 기독교, 향촌 양반 유지들이 연대하면서 연합시위형 태로 시위를 전개해 갔다. 이 밖에도 울진·간성·이천·평창·정선·삼척·회양 등지에서도 4월 중순에 접어들며 소규모나마 시위운동이 일어났다.

태백 3·1운동의 특징

태백에서는 도시·농촌·산촌·어촌을 막론하고 전지역에서 일어나

시위운동을 벌였다. 다른 곳과 마찬가지로 2월 28일에 독립선언서가 천도교 평강교구를 통하여 전달된 것을 시작으로 5월 9일 양양에서 마지막 시위가 있기까지 화전민이나 보통학교 학생에 이르는 모든 계층이 봉기하여 시위 항쟁을 벌였다. 천도교인과 기독교인이나 불교인이나 유학자, 그리고 청년 학생과 서당 훈도나 구장들에 의해서 시위운동이 추진되었다.

시위운동에서도 만세시위, 봉화시위, 축하시위, 망곡시위, 그리고 평화적 시위와 폭력시위 등 여러 가지 양상을 보였다. 태백의 3·1운동은 그런 점에서 3·1운동에서 나타난 시위의 형태를 망라하는 특징을 지니고 있었다. 그런 가운데 철원·김화·양양·횡성·원주·정선에서는 의병 출신자가 운동 핵심에서 활약하여 3·1운동과 의병전쟁의 역사적 관계를 보여 주고 있다. 이때 의병 출신자들은 술장사나 화전민으로 숨어살다가 3·1운동이 일어나자 시위운동을 주도해 갔다. 또한 '만세꾼'이 등장하여 태백의 인근을 돌면서 시위운동에 불을 붙여갔던 것도 특징의 하나였다.

회양·김화·화천 지방에서 보듯이 화전민이 만세시위를 벌이거나, 면소재지나 장터도 아닌 홍천의 내촌면 물걸리에서 2천여 군중이 시위운동을 일으킨 것은 태백의 3·1운동이 토속적 성격이 짙었음을 단적으로 말해주고 있다.

*** 자세히 들여다보기
조동걸, 《한국민족주의의 성립과 독립운동사연구》, 지식산업사, 1989
최창희, 〈강원도 3·1운동의 성격〉, 《강원도 항일독립운동사》 3, 1992
국사편찬위원회, 《한국사》 47, 2003

철원애국단의 독립운동

대한독립애국단의 별칭, 철원애국단

철원애국단이란 3·1운동 직후 서울에서 조직된 대한독립애국단의 별칭이다. 그것은 철원에 강원도단이 설치된 때문도 있지만, 서울 본부보다 강원도 조직이 더욱 활발한 활동을 펼치면서 본래의 이름보다 철원애국단이라는 이름으로 더 잘 알려지게 되었다.

대한독립애국단은 3·1운동 직후 임시정부를 지원하기 위해 기독교도 신현구 등이 조직한 독립운동단체였다. 비밀결사의 형태로 조직된 대한독립애국단은 서울에 본부를 두고 강원도·충청도·전라도 등지에 지부를 설치하면서 전국 규모의 독립운동조직으로 발전하였다. 특히 강원지역에서는 철원의 도단 밑에 강릉·평창·양양 등지에 군단郡團까지 설치할 정도로 조직이 발달하였다.

철원애국단의 설립

철원은 당시 강원 지역내 교통·교육의 중심지였다. 3·1운동 때만 해도 강원도는 철원, 평강 등지를 제외하고는 전역이 전근대적인 조운의 길을 따라 교통하고 있었다. 하지만 철원은 경원선이 통과하여 서울, 원산 등지와 연결되었고 멀리는 북간도까지 통할 수 있었다. 이러한 지리적 조건에 의하여 철원은 일찍부터 신교육이 발달하였고 민족의식이 성숙되고 있었다. 3·1 운동 이전에 노동야학이 생겨났으며, 3·1 운동때에도 청년들이 주체가 되어 만세시위를 대중적으로 일으킬 수 있었다.

철원에 대한독립애국단 지부가 설치된 것은 1919년 8월의 일이었다. 강원도 금화 출신으로 서울 연희전문에 다니던 김상덕이 철원에 내려와 철원남감리교회 목사 박연서를 만나 대한독립애국단의 결성 사실을 알리면서 비롯되었다. 처음에 군단으로 출발한 철원애국단은 도단으로 승격되면서, 강원 전역을 담당하였다. 이러한 철원애국단은 단장 이하 서무·재무·통신·학무·외교 등의 부서를 갖춘 조직적인 독립운동단체였다.

철원애국단에는 박연서를 중심으로 단원 대부분이 기독교 관계자들이었다. 그러나 이들은 기독교의 종교적 테두리에 머물지 않았다. 이들이 동송면 관익리에 위치한 도피안사到彼岸寺에서 모임을 갖고, 또 그곳에서 철원군단을 결성한 사실은 그것을 말해주고 있다. 철원애국단은 기독교인 뿐아니라 불교 승려도 참여하면서, 종교 이념을 초월한 독립운동을 전개해 갔다. 이는 종교 이념보다 민족독립을 앞세웠던 당시 한국독립운동의 특징을 잘 보여주는 것이기도 했다.

철원애국단의 지단, 강릉·평창·양양군단

철원애국단의 강원도 지단은 강릉·양양·평창 등지에 설치되었다.

강릉에서는 엄성훈·엄정섭 부자의 활약이 컸다. 이들 역시 기독교도로, 감리교 구역상 강릉의 관할 지역인 울진·삼척·평해 등지로 조직을 확대시켜 나갔다. 또한 엄성훈은 평창군단 설치에도 힘을 쏟았다. 평창군단에서 주목할 것은 창일계昌一契라는 별동조직을 운영한 점이다. 즉 표면상 친목조직으로 위장한 창일계를 통하여 단원 및 자금을 모집하였던 것이다. 창일계원은 20여 명에 달했으며, 이들은 수백원의 자금을 모아 임시정부를 지원했다.

양양에서는 군단장 김영학 목사의 활약으로 젊은 청년들을 동지로 포섭하였다. 이들 가운데 이근옥 등 청년 단원들은 상하이上海 임시정부에 투신하기 위해 서울까지 갔으나, 애국단 본부와 연락이 단절되어 뜻을 이루지 못하였다. 철원애국단은 이밖에도 원주·횡성 등지에 지단을 설치하기 위해 힘을 기울였다.

철원애국단의 단원은 대부분이 기독교인이었고, 3·1운동 때 만세시위에 참가한 경험을 가지고 있었다. 철원애국단의 조직은 3·1운동 이후 독립운동의 양상이 보다 구체적으로 전개되어 간 사실을 잘 말해주고 있다.

연통제의 역할과 임시정부성립 축하시위

철원애국단은 강원 지역 내 각 군단을 기반으로 연통제 역할을 수행하였다. 원래 연통제란 상하이 임시정부가 국내와 연결하기 위해 설치한 국내 조직체계였다. 연통제의 주요 임무는 임시정부의 선전·통신연락·독립운동자금 모집 등이었다.

철원애국단이 결성된 장소, 도피안사

　1919년 7월 공포된 연통제는 평안도·함경도·황해도 등지에 연통부를 설치하면서 주로 중부 이북지방에서 활발한 반면에 중부 이남지역에서는 연통제가 거의 실시되지 못했다. 그런 가운데 강원 지역의 연통제 역할을 철원애국단이 맡았던 것이다. 때문에 철원애국단은 임시정부와 밀접히 연관되면서 독립운동을 전개했다.

　1919년 10월 10일 철원에서 거행한 임시정부성립 축하시위는 그 대표적 활동이었다. 이 만세시위는 불교 승려이며 임시정부 강원도 특파원 신상완이 철원애국단에 전달하면서 추진되었다. 3·1 운동 직후 국내외 각처에서 생겨난 임시정부들이 동년 9월에 상하이 임시정부로 통합되면서, 독립운동의 분위기를 고조시키기 위해 3·1 운동 때와 같이 전국적 만세시위를 계획한 것이었다.

   이들은 치밀하게 계획을 추진해 갔다. 단원 박건병이 서울을 왕래하며 선언서·태극기 등을 가져와 비밀리에 인쇄하였고, 거사 당일에는 박건병·오세덕 등이 임시정부축하회를 개최하여 연설을 가진 후 태극기 및 만국기를 게양하고 독립만세를 고창하였다. 철원의 대중들은 상점의 문을 닫고 이에 호응하였다.

   만세시위를 성공적으로 거행한 뒤 박건병·오세덕 등은 상하이로 망명하여 임시정부에 참가하였다. 이날의 만세시위는 워낙 비밀리에 추진된 관계로 일제 경찰도 만세시위의 주체를 찾아낼 수 없을 정도였다.

   한편으로 철원애국단은 조선인 관리 퇴직운동을 벌여 나갔다. 그것은 일제 식민기관에 종사하는 한국인을 일제히 퇴직시켜 일제 행정기능을 마비시킨다는 목표를 가지고 추진되었다. 그런데 이를 맡아 추진하던 조종대가 1920년 1월 20일 친일부호의 밀고로 붙잡히면서, 철원애국단의 실체가 발각되고 말았다. 이로써 철원애국단의 조직이 파괴당하였다.

   현재 강원도 철원군 철원읍 화지리에는 철원애국선열추모비를 세워 철원애국단의 독립운동을 기념하고 있다.

*** 자세히 들여다보기
조동걸, 〈3·1운동의 지방사적 성격-강원도 지방을 중심으로〉, 《역사학보》 47집, 1970
조동걸, 《태백항일사》, 강원일보사, 1976
장석흥, 〈대한독립애국단 연구〉, 《한국독립운동사연구》 1, 독립운동사연구소, 1987
광복회 강원도지부, 《강원도항일독립운동사》 1·2·3, 1991~1992

남궁억의 보리울학교와 무궁화운동

보리울 학교

한서翰西 남궁억南宮檍이 강원도 지방에 내려와 교육활동에 힘쓰는 것은 1918년 이후의 일이다. 그는 1918년 56세 때 건강이 악화되자 친지들의 권고에 따라 선조의 고향인 강원도 홍천군 서면 보리울[모곡牟谷]로 낙향하였다. 모곡리는 홍천읍에서 들어오는데 '개울 열 개를 건너고 고개를 일곱 개를 넘어야' 할 정도로 심산유곡에 위치한 산골이었다. 그러나 산좋고 물좋은 곳에서 휴양만 할 처지가 아니었다.

이듬해인 1919년에 3·1 운동이 일어나자, 그는 홍천 사람들에게 독립정신과 3·1 운동의 필연성을 역설하면서 민족의식을 고취시켰다. 3·1 운동 때 독립선언서를 낭독한 파고다공원은 자신이 관직 생활 중에 지은 곳이기도 했다.

남궁억은 1919년 9월 모곡리에 보리울학교를 설립하고, 학교 안에 무궁화 묘포를 심으며 무궁화 보급에 남다른 열정을 쏟았다. 그는 이에 앞서 배화여학교에서도 무궁화 자수를 통해 민족의식을 고취시킨 바 있었다. 또한 기독교도인 그는 애국적 찬송가를 만들어 전국 교회와 기독교계 학교에 보급하기도 하였다.

그는 기독교의 진리·박애정신을 바탕으로 이상적 농촌사회를 건설하려는 꿈을 모곡리에서 실천해 갔다. 이때 그가 지은 보리울학교의 교가는 그러한 그의 꿈을 전해주고 있다.

동막산과 강굽이 앞뒤 둘렀고
모곡 구역 모곡리는 우리 집이라
세상 영화 누릴 자는 우리들이며
그 가운데 뜻붙일 손 주일(보리울)학교라
금동녀야 모여서라 새 동리에서/
하나님의 뜻이 있어 입적한 우리/
구주님 은혜를 더욱 감사해
천국 낙도 바라보는 십자 동무야
주 예수 흘린 피로 죄 씻음 받고
영생 소망 그대 즐로 기쁨을 삼아
싸워 이겨 저 언덕에 노래 부를 때
퍼지리라 온 세상 하나님 나라

그는 비밀리에 '무궁화십자당'을 조직하였다. 무궁화십자당의 목표는 강인한 생명력을 상징하는 무궁화를 전국적으로 배포하여, 민족정신을 드높이자는 것이었다. 그것은 독립운동의 일환으로 추진되었다. 그는 보리울학교에 뽕나무 묘목을 심는 한편, 그 밭에 무궁화 묘목을 함께 심어 뽕나무 묘목을 팔 때 무궁화를 숨겨 보내 무궁화가 전국에 퍼지게 했다. 그때 무궁화 노래도 작사 작곡하여 묘목과 함께 보급했다.

일제는 1933년 남궁억의 뜻을 알아채리고 무궁화 묘목 8만주를 소각하는 한편 보리울학교 교직원, 교회 목사, 신도들까지 모두 체포했다. 이 과정에서 비밀결사조직인 무궁화십자당이 발각됐고, 남궁억은 1935년 병보석으로 출감할 때까지 온갖 고초를 치러야 했다. 이것이 이른바 보리울학교 무궁화동산 사건이다. 이후 보리울학교의 '무궁화 보급운동'은 홍천의 독립정신을 상징하면서, 오늘날까지 그 전통을 이어오고 있다.

나라의 표상, 무궁화

국기·국가·국화를 만든다는 것은 국민적 작업으로 국민국가를 형성한다는 것을 의미하고, 국민국가를 형성하면서 국민과 국가가 나아갈 길을 국기와 국가와 국화를 통해 나타낸다는 것을 의미했다. 우리나라도 대한제국 성립과 함께 국기·국가·국화에 깊은 관심을 갖게 되었다.

이 무렵 신문에서는 우리나라의 국화로서 무궁화를 주목하였다. 계몽시기의 대표적 신문인 《대한매일신보》의 독자 시문 작품란에는 무궁화를 노래한 애국시가가 자주 실렸고, 민족학교 등에서도 애국가와 함께 무궁화를 국화로서 크게 현양하였다. 또한 국어 및 국사 교육에서도 우리의 국토를 근역槿域, 근화향槿花鄕이라 부르며 국화로서 무궁화에 대한 인식을 부각시켜 나갔다. 각급 학교에서 무궁화를 도안한 교표와 모표가 사용된 것도 이 무렵의 일이었다.

독립신문과 독립협회·만민공동회 등에서 주요 인사로 활약한 바 있

한서 남궁억 묘소
홍천군 서면 모곡리에 있는 한서 남궁억의 묘소로, 일제의 침략 야욕을 폭로하고 무궁화 보급운동과 국어·국사교육을 통해 민족정신을 고취하였던 위업을 기리기 위해 1977년 새롭게 단장하였다.

는 남궁억의 무궁화에 대한 사랑은 남달랐다. 1910년 배화여학교에서 교편을 잡은 그는 무궁화 자수본을 고안하여 수를 놓게 하고 《조선 이야기》라는 국사책을 써서 민족 교육 강화에 열성을 다하였다.

1910년 한국을 강제 점령한 일제는 대한을 상징하는 무궁화를 탄압하였다. 3·1운동 이후 부임한 사이토 총독은 무궁화 대신 일본 국화인 벚나무를 보급하는 운동을 펴서 한국인을 일본화하는데 앞장 섰다. 이에 민족적 지식인들은 조선 자랑의 한 표상으로 무궁화를 애호하고 국화로 삼자는 운동을 전개하기도 했다.

한서 남궁억

남궁억(1863~1939)은 서울 출신으로 1884년 영어학교인 동문학同文學을 수료한 뒤 묄렌도르프의 추천으로 경성총해관에서 일하다가, 1886년 내부 주사가 되었다. 1887년 전권대신 조민희의 수행서기관으로 영국·러시아·독일 순방길에 올랐으나, 청나라의 간섭과 방해로 2년간 홍콩에서 머물다가 돌아왔다. 1889년 궁내부 별군직을 거쳐, 1893년 칠곡군수를 지냈다. 1894년 갑오경장 내각에서 내부 토목국장을 맡아 종로·정동 일대 및 남대문 앞의 도로를 전면 재정비하고 파고다공원을 세웠다.

1896년 서재필 등이 독립협회를 세우자, 중앙위원·평의원 등으로 참가하였다. 그는 언론에도 관심을 쏟아 독립협회 기관지인 《대조선독립협회회보》 발행에 참가하였으며, 1898년 9월 《황성신문》을 창간하여 사장에 취임하였다. 독립협회를 통해 한국 근대화에 앞장 서다가 독립협회가 강제 해산되던 무렵인 1898년 11월 투옥되는 고초를 치르기도 했다.

관직 생활과 민간 계몽운동을 넘나들며 근대변혁운동에 기여하던 그는 1906년 양양군수에 임명되자, 1907년 양양 동헌 뒷산에 현산학교峴山學校를 설립하여 몸소 구국교육을 실시하기도 했다. 그러나 헤이그특사로 인해 광무황제가 강제 퇴위하자, 관직을 사임하고 상경하였다. 서울로 올라온 그는 1907년 대한협회를 창립하고 회장에 취임하여 계몽운동의 지도자로 활약하였다. 양양군수 시절 강원 지역과 인연을 맺은 그는 1908년 4월 강원도민을 중심으로 한 관동학회關東學會를 창립해 회장으로 활동하였으며, 구국교육을 위한 잡지 교육월보를 발행하였다.

1910년 8월 망국을 당해서는 교육현장에서 새세대를 교육시켜야 한다는 일념으로 배화여학교 교사로 들어갔으며, 1912년에는 상동청년학원의 원장을 겸하면서 민족교육에 헌신하였다. 1918년 홍천 보리울로 옮긴 뒤 교육과 무궁화운동을 전개하다가 일제 침략이 극심해지던 1939년 77세로 세상을 마감했다.

*** 자세히 들여다보기
김세한, 《한서 남궁억 선생의 생애》, 한서 남궁억 선생 기념 사업회, 1960
김응수 편저, 《무궁화를 아십니까?》, 이가출판사, 1989
광복회 강원도지부, 《강원도항일독립운동사》 1·2·3, 1991~1992

찾아보기

가흥창 28, 81
갈야산성 288
갑오개혁 254
강릉 단오제 31, 60
강릉대로 86
강창江倉 39, 84
강화도조약 42, 255, 277
강화진위대 280
개청 136, 140
거란장(글안장) 204, 208
견훤 151, 156
경원창 84
계유정란 226
공민왕비 정비 안씨 212
공립신보 293
관동창의군 22, 44, 283
관동학회 310
관서별곡 181
광암사 162
광평성 156
교주도 38
구룡령 78
구만나루 78
국청사 167

권근 201
권상하 252
권철신 260
권호선 278
금성대군 226
긍양 166
기묘사화 236
기정진 283
기훤 154
길상사(법주사) 123
김덕제 291
김도현 286
김상덕 302
김상헌 252
김순식 19, 37, 58, 62, 63, 140
김양 148
김영학 303
김유신 60, 63, 71
김종서 226
김취려 206
김평묵 252, 276
김헌창 131, 147
김효손 176
남궁억 306

남효온 179
노릉지 229

단발령 43, 276, 284
달천나루 26
대관령 18, 27, 45, 58, 79, 287
대비보살 111
대한독립애국단 301
대한매일신보 308
대한협회 310
댓재 23
덕흥창 84
도원도 82
도피안사 157, 302
동강 18
동경대전 33, 42, 266
동창東倉 270, 272, 297

라마탑 116

마운령비 29, 75, 76

만경대 176
만폭동 185
말휘령 78
망양정 176, 197
명경대 186
명주도 82
모전석탑 102
목계나루 26, 81
목자득국설木子得國說 214
무궁화십자당 307
문수원 171
민정중 238, 284
민지 92
민진원 238

박달재 204
박숙정 176
박연서 302
박재호 270
방해정 244
배론성지 204, 263
백광홍 181
백련대 198

백복령 20, 26, 79, 81, 287
백화도량白花道場 118
범일 32, 58, 111, 131, 140
법안종 167
법흥사 103
변무록 241
병오박해 205
보덕암 187
보리암 108, 114
보림사 131
보문사 108
보살주처신앙 96, 105
보천 94, 95
보타락가산 109, 113
보현원 171
봉정암 103
북진나루 26, 81
빗살무늬토기 28, 56

삭방도 82
살수 69
삼일포 174, 193
삼직 146, 199, 210
삼화사 158, 198
서상렬 278
서수라西水羅대로 86
석남원 102

선림원 129
선원보각 223
섬강 18, 24, 151, 184
성덕대왕신종 96
세검정 222
세달사 148
소백산사 162
소양강창 26
손홍록 223
송광사 96
송순 182
수종사 39
신명순성왕태후 171
신유박해 261
신의 94, 101
신해박해 205
신행결사 93, 94
신효 94, 101, 124
신흠 40, 240
13도 의군도총재 257
13도창의군 44, 291
쌍성 209, 216

안의 223
안정복 260
안축 179
양광도 38

엄홍도 228
연통제 303
열화당 244
영경묘 199
영남대로 78, 81
영은사 198
오색령 78
오색석사 129
오세암 96
왕규 37
용안당 199
우륵 234
운두령 79, 273
원주진위대 22, 44, 290
원척석 240
원충갑 209
원효 106, 111
월송정 176
유권설 171
유긍달 171
유동보살 98
유연 94, 101
유중교 252, 276, 281
윤세초 230
윤순거 229
윤증 238
은선대 190
을미의병 276, 280

응봉령 273
이가환 261
이강년 278, 291
이곡 179
이덕형 241
이무경 244
이색 201
이소응 256, 281
이수광 260
이숭인 201
이승훈 260
이승휴 176, 198
22역도 82, 83
이안사 213
이양무 213
이인영 294
이인좌 40, 239
이자겸 172
이자연 166, 172
이자춘 216
이정형 240
이지함 170
이필제 266
이필희 276
임규직 252
임영관 288
임영지 61
임춘 179

자양서사 281
자작고개 273
장기렴 280
적멸보궁 102, 105
점찰법회 123, 125
정구 40, 237
정도전 201
정몽주 201
정발 232
정선아리랑 80
정시한 40, 162, 240
정약용 260
정재규 283
제왕운기 38, 198
조경 40, 233, 240
조계종 19, 134, 140
조광조 236
조령 81, 233
조민수 201
조선왕조실록 220
조준 201
조충 208
조포소 199
주문모 261
주지번 176
죽령 24, 70, 81, 233
죽서루 176, 196
준경묘 215

중도식 토기 55
중앙탑 71
중향산 119
지눌 173
지은 150
지종 166
진귀조사설 137
진부령 28, 52, 78
진산사건 261
진여원 94

차기석 270, 273
찬유 166
창일계昌一契 303
천주실의 260
천진암 33, 42
천태종 167
철령 78
철원애국단 301
청간정 175
청량산 95
청령포 41, 230
청풍나루 81
체징 32, 130
총석정 174, 184, 192
최도환 278
최시형 33, 266, 271

최양업 263
최원세 207
최응현 246
최익현 252
최제우 266
최한기 216
추풍령 24, 69, 233
춘주도 82
춘추관 222
충담 161
칠사당七事堂 287

탄금대 232
태봉 19, 26, 35, 46
태조탄 207
통도사 96, 103

평구도 82, 83
표훈 122, 144

하남위례성 66
한동직 278
한수재 252

한희유 209
합단적 209
해린 166
해운정 249
해인사 96, 224
행적 136, 140
허균 60, 248
허난설헌 248
허목 240
허위 293
허후 161, 240
현화사 166
현휘 170
형초 167
혜소 131
호좌창의진 22, 43, 276, 283
홍척 131
화룡소 189
황보인 226
황사영 262
황성신문 310
황초령비 29, 75, 76
효명 94
흑요석 28, 51
흥원창 26, 83, 162

우리 역사문화의 갈래를 찾아서 태백문화권

초판 1쇄 발행	2005년 9월 1일
초판 3쇄 발행	2013년 8월 15일
글쓴이	국민대학교 국사학과
펴낸이	주혜숙
펴낸곳	역사공간
	서울시 마포구 서교동 463-31 플러스빌딩 3층
	전화 : 02-725-8806~7, 02-325-8802
	팩스 : 02-725-8801
등록	2003년 7월 22일 제6-510호
ISBN	978-89-90848-15-4 03980

* 잘못된 책은 바꿔 드립니다.

가격 17,000원